THE OPEN
Golf's Oldest Major

公开赛
高尔夫最古老的赛事

R&A
高尔夫最古老的赛事

前言 [美] 阿诺德•帕尔默　后记 [英] 彼得•道森

[英] 唐纳德•斯蒂尔 著

王　鹤 张王利 译

公开赛

電子工業出版社

Publishing House of Electronics Industry

北京 • BEIJING

The Open: Golf's Oldest Major

978-0-8478-3308-5

Donald Steel, Peter Dawson and Arnold Palmer

版权贸易合同登记号 图字：01-2013-0885

图书在版编目（CIP）数据

公开赛 : 高尔夫最古老的赛事 / (英) 斯蒂尔 (Steel,D.) 著 ; 王鹤 , 张王利译 . -- 北京 : 电子工业出版社 , 2013.10

书名原文 : The Open: Golf's Oldest Major

ISBN 978-7-121-21232-1

Ⅰ . ①公… Ⅱ . ①斯… ②王… ③张… Ⅲ . ①高尔夫球运动 – 公开赛 – 体育运动史 – 图集 Ⅳ . ① G849.37-09

中国版本图书馆 CIP 数据核字 (2013) 第 187350 号

策划编辑：胡先福
责任编辑：胡先福
印　　刷：北京盛通印刷股份有限公司
装　　订：北京盛通印刷股份有限公司
出版发行：电子工业出版社
　　　　　北京市海淀区万寿路 173 信箱　邮编 100036
开　　本：889 × 1194　1/16　印张：19　字数：532 千字
印　　次：2013 年 10 月第 1 次印刷
定　　价：198.00 元

目 录

Palmer

前 言

1960 左页图

阿诺德•帕尔默在圣安德鲁斯举行的冠军公开赛上。

2006 前页图

克里斯•迪马科，在霍伊莱克举行的2006年冠军公开赛的最后一轮比赛中，庆祝自己在第13个果岭上打出推击小鸟球。

50年前，我在圣安德鲁斯（St Andrews）第一次参加公开赛。我参加1960年冠军赛的主要原因是我认为，如果你没有打国际性的球赛、特别是冠军公开赛的经历，你就没有资格称自己为一名伟大的高尔夫冠军。随着年龄的增长，我阅读了关于公开赛和很多球员的信息。这些球员如博比•琼斯、沃尔特•哈根和桑姆•史里德，都激励着我。他们都参加过公开赛，赢得过公开赛的冠军，这让公开赛成为世界上最重要的冠军大赛之一。

那年我到达圣安德鲁斯之后，顿生敬畏之情；它所展现的那种完全不同的景象，我从未目睹过。很快，我就享受其中。圣安德鲁斯，这片区域和高尔夫球场，激起了我的好奇心。我希望自己能赢得那年的公开赛冠军——事实上，我几乎就要实现了。但克尔•纳戈尔——一名伟大的冠军球员，一个很不错的人——最终赢得了冠军。这毁掉了我的派对，但它仍然是我人生中最伟大的经历之一。

次年，我卷土重来，去了英格兰。考虑到当时的情形（可能是我经历过的最糟糕的情形），我在那里的第2轮表现一定是我打过的球赛中最好的轮赛之一。那一周，我最终赢下了葡萄壶杯。它实现了我一生追求的目标。只有我的这个目标完成之后，我才能自称为一位好球员。

1962年，我要为卫冕而战。球场非常干燥，我在之前的冠军公开赛上从未遇到过。面对干燥的球场和特伦的鞍状球道，我不得不在线上击球，使球离开长草区。这使已经很难打的球场更具挑战性。对于在特伦打的那4轮球，我一直感觉特别骄傲。

这之后，很多美国球员开始到英国打公开赛。当时每个球员，包括卫冕冠军在内，都不得不打36洞的资格赛。这一规则阻碍了公开赛成为更重要、更成功的赛事。在我赢得两次公开赛冠军后，仍然不得不打资格赛。我对R&A说，以后几年里如果还有这条规则，我将不会再来打球。在意识到这会给冠军赛带来最大利益后，R&A修改了资格赛要求，以确保世界上最优秀的球员可以来打冠军赛。

我知道1960年第一次去圣安德鲁斯是我做的一件很正确的事情。我连续的成功好像激起了随后几年美国大牌球员的涌入。这证明了公开赛在高尔夫重要冠军赛事中的地位。我希望自己确实曾对公开赛产生了影响，这将是我人生中一件非常骄傲的事情。

阿诺德•帕尔默（Arnold Palmer）

葡萄壶杯（Claret Jug）——或者使用它的准确名字，高尔夫冠军奖杯——的第一次出现是1873年，在锦标赛开始13年后。最初的奖品是挑战腰带（Challenge Belt），由红色摩洛哥皮革和银质腰带扣构成。比赛规则规定，腰带将属于连续三年夺冠者。1870年，小汤姆•莫里斯实现三连冠获得了腰带。

由于没有了奖品，1871年没有举行公开赛。次年，R&A、爱丁堡绅士高尔夫球社和普勒斯特维克高尔夫俱乐部同意打造一个新的奖品，并在他们中间轮流举办冠军赛。

由于在1872年公开赛之前没有足够的时间来找到委托人，并做出奖品，因此再次获胜者——小汤姆•莫里斯被颁发了一枚奖章。

葡萄壶杯由Mackay Cunningham和爱丁堡公司打造，1873年颁发给当年在圣安德鲁斯获胜的汤姆•基德。为纪念小汤姆•莫里斯1872年的胜利，他的名字最先被刻在了葡萄壶杯上。

引言

作为世界上历史最悠久的锦标赛，公开赛仅需要准确的文章来表明自己的身份。它的圣洁、重要性和影响力是毋庸置疑的。年度锦标赛的冠军球员，这一头衔拥有让人羡慕的声誉，代表着拼搏和成就的顶峰。向葡萄壶杯基座一瞥，意味着一个传奇的名字与它的荣耀。公开赛的卓越基于这样一个事实——超越其他任何锦标赛，它吸引着全球的高尔夫界，甚至在那些不得不长途跋涉的过往岁月。

每年年初是追求最优秀球员的时期。公开赛给很多历经艰辛、旅行而来的球员提供了实现不朽名声的舞台。然而，公开赛还拥有另外一个无与伦比的特色。它恒久的优雅源于坚持以英伦岛独一无二的传统的高尔夫球场作为它的舞台场地。独特的赛场有人赞誉，有人批判。但球员形成的一个共识是，海滨沙丘形态的高尔夫球场，变化无常的天气，加速的心跳，紧绷的神经，共同将它打造成最顶级的挑战。

与在其他类型的球场打球不同，海滨沙丘形态的高尔夫是一次冒险之旅——永远都在变化，从未终止，能预测的只是它的不可预测性。它强调理性地重视比赛，有益的专业思考、调整、沉着，以及左右全局的击球。正确地理解和处理比赛情形是冠军的特点，是比盲目依赖提前打量的距离更准确的想象击球能力。

在老虎伍兹赢得2006年霍伊莱克公开赛冠军之后，出现过更有把握的夺冠吗？“快速滑球的草坪让每个球员变得有创造性。这是过去打高尔夫的方式，也应该是现在打高尔夫的方式。”大约50年前，鲍比•琼斯以不同的方式说过相同的话，他沉思道，“尽管刚开始我不这么认为，但现在我很高兴自己没有错过打果岭硬实干燥、球道与推杆面像玻璃一样的海滨高尔夫。没有什么人工设计的球场可以与在这种条件下获得的测验结果相媲美。”

在过去的150年里，公开赛经历了很多次蜕变；然而，有一种相反的观点认为，大家目睹的公开赛并没有一点变化。获胜意味着最梦寐以求的高尔夫冠军头衔，这种无法抗拒的感觉使公开赛一代又一代地维系下来。另一方面，获得公开赛胜利一届难过一届。获得冠军是他们在高尔夫上投入大量时间的结果，随着时间的推移，公开赛在球员的对抗中变得盛大——对抗以它所鼓励的礼仪和举止原则为前提。正如很久之前J•H•泰勒中肯的评价，“要永远记住，无论你变得多么优秀，比赛是你的最终目的。”

看看盛大的现代公开赛，很难想象它1860年在普勒斯特维克的卑微起步。稍微回顾一下，就可以记起它那个时候的场景是多么不同。相似地，如果第1代的开拓者们按下他们时空穿梭的遥控按钮，让时光向前飞跃，以推测现代比赛的情景和推动高尔夫球运动前进的财富，这将是很有趣、很让人憧憬的。

今天，如果让一位经纪人去管理17岁时就已经击败了自己的父亲并获得冠军的小汤姆•莫里斯，那他将会是满意的，尽管历史没有揭露老汤姆•莫里斯是感到骄傲还是羞愧。在悲惨的短暂生命里，小汤姆•莫里斯是公开赛的第一位真正意义上的伟大球员，但老虎伍兹或帕德里格•哈灵顿能想象他如何表演他的奇迹，或怎么看待缺少世界范围内的知名度吗？

除了普勒斯特维克12洞球场更难打、准备条件更多的球洞，以及掌握起来更困难的高球装备，俱乐部的会员们更倾向于在他们当中选择下注对象，而不是出去看其他比赛。没有职业作家采访球员，没有电视媒体广泛地传播高球新闻。事实上，球员们连俱乐部房舍都进不去，著名的美国高尔夫作家赫伯特•沃伦•温德曾对此有过幽默的评论。在20世纪70年代看过一次锦标赛后，“俱乐部房舍中的主管”变成一个世界通用的词组，他戏谑地评论说，“我好奇的是，在主管被允许进入俱乐部房舍之前，谁是俱乐部房舍的主管。”

沃尔特•哈根拒绝进入比赛周期间非职业球员不被允许靠近的俱乐部房舍参加仪式活动。正如这本图册所展示的，公开赛在过去的150年中经历的社交活动和服装展示与体育赛事一样多。

职业球员的角色在1860年公开赛举办之前就被塑造成形，但毋庸置疑，公开赛首次把职业球员提升到了有涵养、体面和明星级的地位。哈根的意义超越了他打球的成就，因为他自封为高尔夫旗手，首次要求所有的球员被平等对待。年轻人仍然希望借助高尔夫将自己的生活提高到其他职业无法帮助他们达到的富有程度，虽然现在的竞争淘汰更加激烈，但是不用到达高尔夫的顶峰也可以实现舒适的生活，这算是一种补偿吧。

甚至在1860年的苏格兰也只有几家俱乐部——因此雇佣很少。旅途相当艰辛，从普勒斯特维克到圣安德鲁斯要比一名21世纪的高尔夫球员乘坐私人飞机跨越大西洋的时间还长。老一代的球员习惯于坚忍，并始终对他们的命运感到高兴，但充满魅力的岁月仍很长远。

赫里斯•哈钦森，1908年莱德杯美国队的队长，1886年和1887年业余者杯的冠军，在《羽毛球图书馆：高尔夫》一书中写道，“依赖高尔夫比赛来维持不稳定生计的人可以分成三类：职业俱乐部创办者；在职业俱乐部创办者的店里工作以补贴生计的职业球员；如果他们打得足够好，能成为职业选手的职业球童。”

在哈钦森提到的那个年代里，很多职业高尔夫球员，如老汤姆•莫里斯，还是“果岭看护人”。他们的职责包括养护球场、管理球童，常常通过比赛、教学和纠正来满足会员的需求。

最早完全一门心思地打球的球员之一是小汤姆，拥有极高天赋的他花在球场上的时间要远多于在家族商店里的时间。但大部分职业球员的一些时间会被自己所属的俱乐部支配。泰勒的书《高尔夫球场上的泰勒》里写道，一名球员参加公开赛需要支付10英镑，但只有前三名值得去争取。

然而，在谈到1899年为要求增加奖金的罢工时，泰勒是反对这一提议的，虽然在锦标赛期间第1名的奖金已提高到50英镑。球员对俱乐部的忠诚度

2009 右页图

特恩贝里球场的一个看台上空的日出，当时是2009年公开赛第1个比赛日的早晨；一名草地工作人员在准备球场。

THE OPEN
CHAMPIONSHIP
ROLEX
ROLEX
HOLE
PAR
PLAYER
SCORE
CUML.
UNISYS
ROLEX
AFTER
HOLES
PLAYER
SCORE FOR RND

陷入了一种危机状态，直到20世纪70年代欧洲巡回赛的开展。对此，皮特•汤姆森在圣安德鲁斯举行的2000年锦标赛集会上做了生动的陈述："20世纪50年代，我有点像独行侠。每一位英国球员事实上都是一名俱乐部职业选手。他们有其他的责任和其他的担忧。他们不相信赢得奖金能把恶狼挡在门外。他们带着不同的态度来参加锦标赛。而我的态度应该用准备更加充分、内心更加渴望来形容。"

动机是一种强大的力量，但没有汤姆森那种对海滨沙丘形态的高尔夫球场的喜好，它的意义必将减少。培养他的一流的Melbourne俱乐部球场是他打过的最好的球场。世界上没有任何一个城市拥有交通如此便捷的更加一流的球场，它们给他灌注了对硬实、快速滑球的场地的本能喜爱。在《英国和爱尔兰经典高尔夫球场》一书的前言中，他写道，"将球与硬实草皮挤压的激动，保持球在暴风中低轨迹的尝试，永远印刻在我的脑海中。它让我想起多次击打的地面球或应该算地面球的击球。"

对于在20世纪50年代长大的一代英国高尔夫球员来讲，汤姆森是这些传统价值或美德的象征。他来到英国证明了自己的价值，因为他知道没有更好的去处，他的忠诚是坚定的。在阿诺德•帕尔默和杰克•尼克劳斯到来之前，他与鲍比•洛克、格雷•普雷尔为公开赛的开创所付出的努力是多方面的。打完公开赛的艰辛比赛，他会在新闻发布会的帐篷内找个位置坐下来，回答等待他的报纸记者的提问。之后，他将参加一或两小时的电视评论节目。

他在一些事情上的热心参与也激发了有价值的思考，但参与公开赛的国际性推广是他的真正贡献。阿诺德•马西在20世纪头10年领导着国际性推广，随后是沃尔特•哈根、鲍比•琼斯、简•沙拉逊抓住了接力棒，向前冲。尽管在20世纪20年代从美国到英国参加公开赛要历时3周，从1921年开始，美国人夺走了13届冠军中的12届，这是实力转移的充分证明。看待它的另一种方式是，在1920—2009年，只有19位冠军来自英国或爱尔兰，但帕尔默在1960年的首次出现使公开赛再次受到广泛关注。

在作为R&A的秘书长的早些日子里，凯斯•麦肯茨把一周的时间放在大师赛上，为公开赛宣传造势、汇聚动力，但逐渐地这种宣传需要在减弱。随着公开赛受到的关注越来越多，对球员和付费看球的公众的关注和关心也越来越多，他们的幸福极为重要。金钱的价值以给他们带来享受的各种设施来测量。除了附近提供的服务被改进，很快成为帐篷村（Tented Village）外，大看台和每分钟更新一次计分的系统确保让每个人都能更清楚地知道在发生些什么。

关于公开赛环境趋势的评论是准确的、相符合的，但在评价对公开赛的举办和促进方面做出最大贡献的R&A时，两个因素可能让人吃惊。R&A从1920年就独立承担了公开赛的运营，但不是这一最古老赛事的发起者。1968年，R&A设想、计划并开办了自己的第一个锦标赛赛事——业余者高级公开锦标赛。公开赛、业余者锦标赛和男子锦标赛都是从其他俱乐部或个人那里"继承而来的"。

2009

2009年公开赛的一天，上午4点25分。

看看现代的景象，R&A的计划很复杂，而且永无终止。过去秘书要在打比赛的前晚到达，带一壶油漆、一段绳子，并召集一些志愿者，如今他们在为数年后的公开赛而努力工作。他们的参与越来越深入，但若没有R&A锦标赛委员会成员及高尔夫规则委员会成员提供的志愿服务，锦标赛也不可能如此有效地运作。

高尔夫规则委员会成立于1897年，但过了很多年之后它才成为经过资格认证的正式官方机构。在变化更快的竞技运动领域里，它做出的裁定必然比不假思索的决定更加谨慎。高尔夫委员会过去自主权更大，但现在一项决定会牵涉如此多的因素，高尔夫球员变得更加信赖独立机构——它们都经历过严格的测试，以证明它们能胜任如此艰巨的任务。

由于管理不得不与各地的迅速发展保持节奏一致，每名工作人员负责尽可能多的比赛成为发展趋势，但另一个惊人的消息是1947年就付诸实施的不可思议的建议，“公开赛要做广告，出售给出价最高的竞拍者”，尽管让人高兴的结局是该项活动被取消，并不再被继续提及。高尔夫金融委员会向锦标赛委员会提出，未来的公开赛应被限制在拥有大量现场观众的球场举办，该建议也遭遇了同样的结局。从公开赛中获利一直都是一件很困难的事情，但本•霍根1953年在卡诺斯蒂的出现，是工作人员能吸引到明星级高尔夫球员的为数不多的有力证明。

杰拉德•米克尔参与公开赛发展20年所做的贡献是无法估量的。他在1969年的回顾访谈中说话不拐弯抹角，正如他过去一贯的言谈举止。他提到1953年是一个大事年，当时各地的人们前来观看比赛。“这是一切事情的真正开始，让各项事务开始以正确的方式运行。我们还获得了盈余。我们花费不充足的钱来吸引观众，进而让R&A获得更多的钱，这有点像一个恶性循环。在花费自己还没有拿到的钱时，我们总是很犹豫。1953年，我们手里有了钱，我们能够开始有所行动了。”

1953年的27069位大众付费会员与今天的公开赛上座人数相比很低，但在霍根时期，观众们进入场地后就没有引导和管理了，个别几个忠诚球迷也大都是本地的。泰河第四道路桥的计划还没有提上日程。

另一个与公开赛变革前进相关的巨大贡献是电视媒体的报道和亨利•朗斯特、皮特•埃利斯在所属俱乐部评论球赛的甜美声音。它将公开赛推上了世界舞台，使它知名度剧增，并且银行收支平衡。结果，巨大的运作利益确保了R&A能够为世界各地的分支机构分配运转资金。

然而，回顾过去的150多年不是为了给现代高尔夫的成绩唱赞歌。在更加有限的环境中，极少数人为公开赛的持续运转做了非常关键的工作。必须提到的是伯纳德•达尔文，如果没有他创造的无与伦比的记录，公开赛的记录即使不空白，至少也是不完整的。现在的记者要感谢电脑、手机、快速的新闻发布、持续的报道、精密的计分系统和有空调的工作环境。达尔文，如果他是幸运的，他不得不在一个嘈杂的俱乐部房舍吧台的角落找一把椅子坐下，沉下心来，使用一支鹅毛笔将他不朽的记述整理到几页图纸上。

下面讲的是观众观看比赛的信息，通常在烦人的天气里。

《两次世界大战之间的高尔夫》是关于高尔夫的最有价值的书之一。作者详述了一场女子锦标赛，“这是我观看球赛以来遭遇的最让人讨厌的天气，

右页图

葡萄壶杯颈部镌刻细节。

后页图

圣安德鲁斯的第14个洞，前方就是地狱沙坑。

AT ST ANDREWS.171 STROKES
AT MUSSELBURGH.168 STROKES
AT PRESTWICK.164 STROKES
AT ST ANDREWS.166 STROKES
AT MUIRFIELD.305 STROKES
(72 Holes)
AT PRESTWICK 322 STROKES
SANDWICH 326 STROKES
AT ST ANDREWS 322 STROKES
AT MUIRFIELD 316 STROKES
AT HOYLAKE 314 STROKES
AT SANDWICH. 310 STROKES
ST ANDREWS.309 STROKES
MUIRFIELD.309 STROKES

在当天的最后一个小时，我在部分湿透的纸上完成了比赛的报道，它最终没有被送到伦敦。然而作为一份珍贵的读物，它被打湿了也是很有价值的。”

对助理编辑和电报员而言，解读达尔文潦草的笔迹成为一种学问，但信息是再清晰不过了。达尔文没有将他工作的方式换成一台笔记本电脑或一通引述，但直到无线电传输和电视技术发展成熟前，公开赛很大程度上依赖报纸传播消息。

现在，他们获得了来自一大批记者的服务，这些记者们应受人信赖，因为他们在努力地提高公开赛的声望。所有的体育项目中，关于高尔夫的报道或文字记述的质量是最高的，尽管他们扩展的办公地点已经成为锦标赛周的另一种风景。对于今天的媒体中心来说，接纳750名有资格的使用者算不了什么。

1964年左右，15或20个带有教室黑板的小帐篷被设置在圣安德鲁斯球场第18果岭的后方斜草坡上。这对于整个新闻公司是必需的，但在比赛的背景下，这是一个一周内不可撤销的改变。托尼•莱玛从美国乘飞机飞过来，并安排一天半的时间去熟悉老球场。他还赢得了同他的经纪人之间的慢跑比赛，这传达了一种惬意的生活方式。这可能被看作精明的公关，但今天的年轻球员将这一宣传看作在描绘一个误导性的画面。

挑战腰带，从1860年作为最初的公开赛奖品，沿用至1870年小汤姆•莫里斯将其赢走。

在众多项目中，高尔夫的优势之一是它比赛节奏很悠闲，你不必只有成为一名年轻的、受过专业训练的球员，才能打高尔夫——这过去被人们所认可。老汤姆的照片，他74岁还在公开赛上打球，一点儿都没有给人一种有生气的后中卫的感觉；沃特森•哈根的行为举止也在向球员暗示，不要将喝鸡尾酒的时间浪费在球场打球上。哈里•瓦尔登的烟管同他标志性的带有沟槽的挥杆一样有名，本•霍根在选择球杆时将他的烟轻弹到地面，一个他击球前的例行动作中从不错过的部分。

与你的对手在公开赛一轮之后喝上一杯，已成为过去时，不再是不成文的规则。与教练协商技战术的调整或做一轮访谈，是更优先考虑的事情。但在早些年，衣着不太合适的高尔夫球员恐怕也不会想着打算在一天内穿着钉有平头钉的鞋子、T恤、领带及粗花呢套装去打36洞的公开赛，他们当时没有条件去穿保护性的衣服，不能进入俱乐部房舍，没有物理治疗，没有精神导师，也没有地方练球。

从看上去似乎有限制的诺福克夹克时期到灯笼裤，再到带有赞助商标志的剪裁讲究的T恤衫，球员们对于穿着变得更加在意。再次，哈根设立了标准，尽管他最让人好奇的习惯是穿着一件时髦的大衣参加颁奖仪式。

亨利•科顿，一位明显的追随者，在1934年追随他的榜样。但桑姆•史立德选择戴一顶自己的庆祝帽来领取1946年的奖杯。1960年，克尔•纳哥尔向皮特•汤姆森借了一件夹克去参加领奖，随后他还参加了更正式的活动。尽管获胜者参加活动的时间增多，意味着他在参加将在世界各地播放的颁奖仪式前，几乎没有喘息调整的时间。

从来都没有听到过抱怨的声音。伴随着过去150年中的获胜者，很多事情或事物都发生了变迁。欢乐的颂歌被苦涩的故事淹没。道格•桑德斯、让•凡•德•维德和汤姆•沃森可能与没有人会记住谁是第2名的理论相左，但他们公开的痛苦被加赛的败绩加深和拉长了。

加赛在记者、解说员和组织者中不是一个很常用的词语，但最近设立的缩短版的4洞赛赢得了在没有向冠军致意前不想回家的观众们的支持。36洞制的加赛沿用到1963年，即使在那段时间里总共只用过9次。随后加赛变为18洞，但只上演过2次。一个有趣的数据是，直到并包括2009年，138届公开赛中出现了19次加赛，109届美国公开赛中出现了33次。巧合的是， 1995—2009年，公开赛有7次加赛，美国公开赛有2次。

冠军们的获胜方式各不相同。1888年，杰克•伯恩斯没有让他在圣安德鲁斯首轮5、5、6、5、7、6杆的表现妨碍最后的胜利。可能这激励了他。公开赛冠军都具有什么共同的特点呢？击球技术和不错的身体状态只是夺冠方程式的一部分。很多高尔夫选手熟练地掌握了击球范围控制得不错的重复挥杆的艺术，最终他们发现，在他们最需要的时候，这一挥杆艺术消失了。

伟大会在最需要它的时候找到解决方法，并控制住扰乱保持判断和节奏所需的清晰思考的烦人小精灵。胜利的前景必定是一种鞭策而非震慑。

冠军们是如何包装这些理念，让公开赛成为一个如此令人着迷的研究的？公开赛自身可以将其归因于提供了经常含有神奇挽回力量的刺激因素。1934年，亨利•科顿为比赛做好了准备——或应该如此。他带着4套球杆来到三维治，正如亨利•朗斯特后来写道，“使用哪支球杆都不能打到他的帽子。”情绪低落的科顿决定“逃脱”，去履行为他的妻子在一场私人比赛中当球童的诺言。

一天或两天之后，他连续打出66、67、65杆——漂亮的分数，在当时还没有球员打出过。又过了一天，他成为公开赛冠军，尽管他的惊艳表现在最后一轮出现了一次中断，而他将其归咎于他的午餐。颁奖仪式过后，他以书面的形式回顾道，“我感觉就像一个医学学生或其他什么人通过了一次考试。这个人在考试前的几个月和考试后都是很聪明机敏的。但是只要通过这个考试，他就是合格的。”

如此一来，颁奖就应该是一次毕业仪式。然而，这个事例传达的另一个暗示是，放松和脱离眼前困境的能力或技巧是获胜的一半。有时候，分散注意力比专心更有效。

唐纳德•斯蒂尔（Donald Steel）

14 • 卡诺斯蒂球场 271—293页
1 • 圣安德鲁斯球场 25—63页
2 • 穆塞尔堡球场 65—67页
3 • 莫里菲尔德球场 69—93页
13 • 皇家特伦球场 247—269页
10 • 皇家波特拉什球场 207—213页
12 • 普勒斯特维克球场 235—245页
11 • 坦伯利球场 215—233页
9 • 皇家莱斯姆&圣安妮斯球场 181—205页
8 • 皇家伯克戴尔球场 157—179页
7 • 皇家利物浦球场 131—155页
4 • 王子球场 95—97页
5 • 皇家圣乔治球场 99—123页
6 • 皇家五港球场 125—129页

公开锦标赛球场

ST ANDREWS
圣安德鲁斯球场

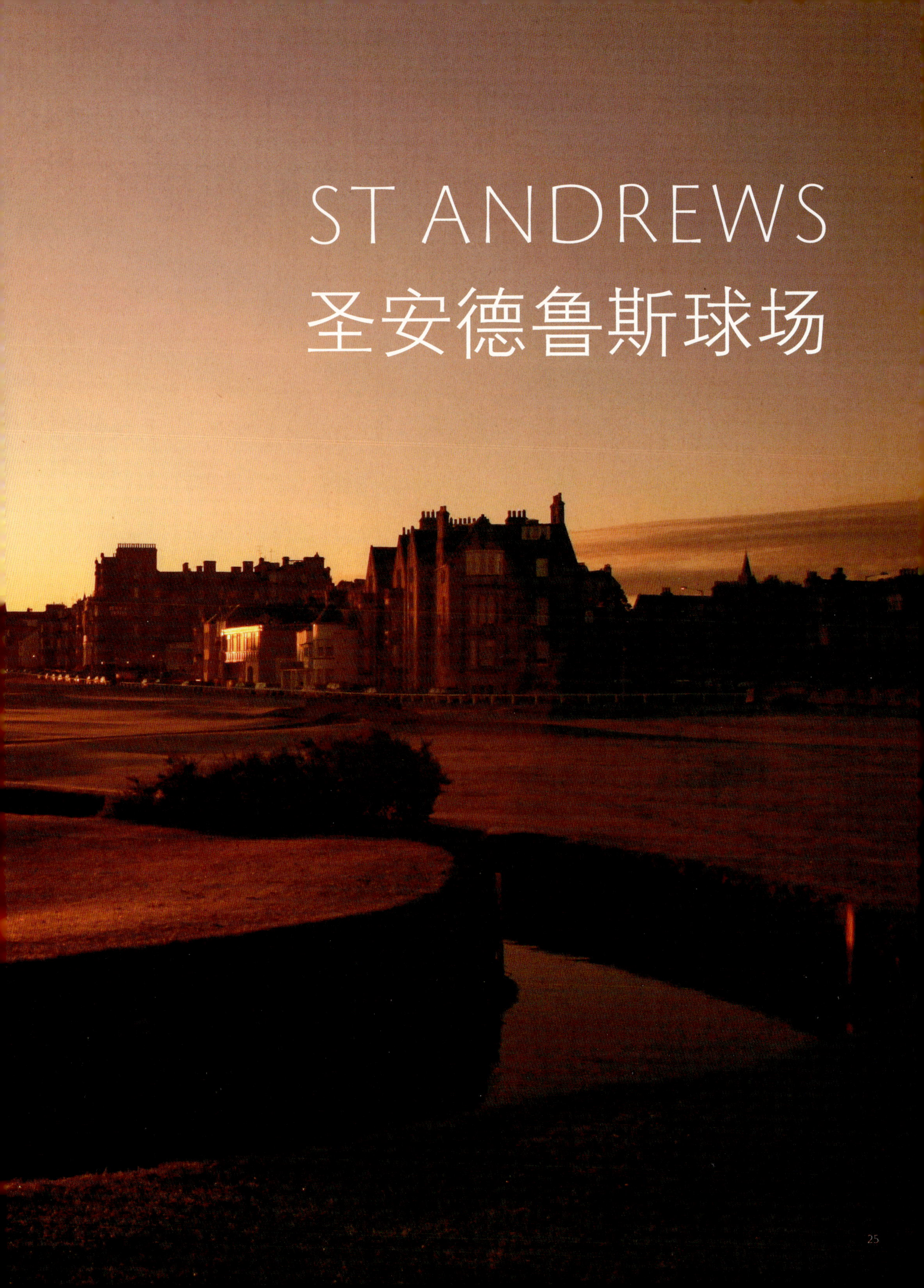

圣安德鲁斯球场

球场长度 2005年公开赛

7279码，杆数72

1873 / 1876 / 1879 / 1882 / 1885 / 1888
1891 / 1895 / 1900 / 1905 / 1910 / 1921
1927 / 1933 / 1939 / 1946 / 1955 / 1957
1960 / 1964 / 1970 / 1978 / 1984 / 1990
1995 / 2000 / 2005

大多数高尔夫球员的梦想舞台是在圣安德鲁斯举行的公开赛。对于球员来说，没有什么能够与在古老的球场获得胜利相提并论——杰克•尼克劳斯认为，“如果你想被人们铭记，你必须在圣安德鲁斯获胜。”一直有人建议每一届的公开锦标赛都应该在这里举行，这样就不用再为它吸引的观众多于其他球场而感到惊奇了。不用惊奇，作为公开赛最初使用的三个球场之一，它是唯一的幸存者。最近，每15年它主办一届公开赛。

没有哪个球场能比这个老球场更具开放性，从相邻的街道和建筑，观众可以看到从开球到入洞如此多的场景。第18洞给人的感觉仿佛它是城镇的一部分，公开赛的高潮，由数千名买票的观众和数百名没买票的观众见证。很多人在窗户旁伸直了脖子看球。从打球的角度讲，它是一个由双球道、双果岭、盆状沙坑和世界上最著名的路洞组成的球场，高尔夫球场设计师将其视作他们的艺术蓝图，让所有的学生追随和膜拜。然而，并非每个人都对其产生敬畏之心。

哈里•瓦尔登声称老球场是“一个不错的球场，但它的沙坑的位置很糟糕”，这可能解释了为什么他的6个公开赛冠军中没有一个是在这里拿的。另一方面，乔治•邓肯评论说：“我喜欢老球场的原因是，你发现自己在一个很差的地方打出了一杆非常漂亮的击球。” 在2000年，老虎伍兹的应对办法是全部4轮都避开沙坑，成为以8次击球获胜的第一人，这追平了100年前由泰勒创造的圣安德鲁斯的最大胜差。

泰勒和伍兹与杰克•尼克劳斯、詹姆斯•布莱德、鲍伯•马丁分享了在老球场获得两届公开赛冠军的荣誉，但两件其他的往事更为著名。圣安德鲁斯铭刻了阿诺德•帕尔默的首秀和谢幕演出，以及托尼•莱玛1964年的夺冠，当时帕尔默的球童在草坪上站着——最著名的时刻之一。

1970 左页图

杰克•尼克劳斯为庆祝季后赛击败道格•桑德斯而将他的推杆抛到空中，图中他迅速俯身以避开空中的推杆。

前页图

老球场的破晓。

前页图

第15洞果岭的图景。

1984 上图

攻击第17果岭的判断失误，导致一次抛球后胜利与汤姆•沃森渐行渐远。第18洞之前，塞弗•巴雷斯特罗斯只用3杆便将球送入洞中，并占据优势，而沃特森需要在第18洞打出老鹰球，但他失败了。

1984 右页图

塞弗•巴雷斯特罗斯获得自己的第2个公开赛冠军头衔时，让人印象深刻的情感宣泄。

1995

欢喜的康斯坦丁•罗卡在第18洞打出小鸟推杆入洞，迫使一场与约翰•达利的加赛之后，跪坐在膝盖上。

2005

乔希•玛利亚•奥拉查宝在第2轮的第18洞打出惊人的老鹰推杆后摆出表演姿势。

1957

博比•洛克在第72洞调整他的获胜推杆。

1970

道格•桑德斯和他不幸的冲击冠军的下坡推杆。他失误了，迫使一场与杰克•尼克劳斯的加赛，最终尼克劳斯获胜。

2000

让•凡•德•维德正在第2轮第17洞将球击出魔鬼沙坑。

2000

乔希•曼努埃尔•凯瑞赖斯尝试将球击出村舍沙坑（Cottage Bunker）。

上图和右图

老球场的一个著名场景，1905年的观众和2005年的参赛者分别跨过斯威肯桥。

后页图

圣安德鲁斯悠久的球场和城镇的鸟瞰景象。

1910

观众在观看公开赛举办50周年纪念活动为詹姆斯•布莱德颁发金禧（Jubilee Medal）的仪式。这是布莱德的第5次、也是最后一次公开赛胜利，这也是他在圣安德鲁斯的第2次胜利。

1927

焦躁的观众聚集在计分板周围。

1927 顶图

放松的鲍比•琼斯与老球场的创办者吉姆•亚历山大在交谈。

1970 上图

道格•桑德斯在与杰克•尼克劳斯的加赛开始前与观众轻松闲聊。

1970 右页图

尼克劳斯和桑德斯并肩走向加赛时，气氛很紧张。

1970 后页图

在锦标赛的开赛日，雷雨导致的洪水迫使比赛延期举行。

SCORE AT

1990 前页图

阳光洒在尼克•费度身上，他在第3个比赛日继续领先。

左页图

第5洞果岭的景象。

1964 右上图

托尼•莱玛，1964年公开赛冠军。

1955 右图

皮特•汤姆森，在他赢得第2座冠军的路上。他次年的获胜让他成为自公开赛改为72洞以来首位上演帽子戏法的冠军。自从1882年鲍勃•佛古森之后，还没有球员完成三连冠。

1978 下页图

杰克•尼克劳斯在胜利的边缘。

1957 左上图

博比•洛克在锦标赛开始前练球，当年他再次获胜。

1990 左下图

佩恩•斯图尔特在第3个比赛日准备击打第18洞的开球。他并列获得第3名。

1927 上图

公开赛上鲍比•琼斯在打第1洞的球座球。他以领先6杆的成绩获得当年的冠军。

2005 上图和左图

老虎伍兹在赢得2005年的公开赛冠军后面对世界媒体。

2005 下页图

杰克•尼克劳斯完成第2轮后向人群致谢。他的挑战在此结束，他的公开赛生涯也如是。这是一次对3届冠军最后的伤感告别。

DONALD

2005

一大群围着第18洞果岭的观众在观看老虎伍兹再次获胜的表演。

RUSACKS
HOTEL

MUSSELBURGH
穆塞尔堡球场

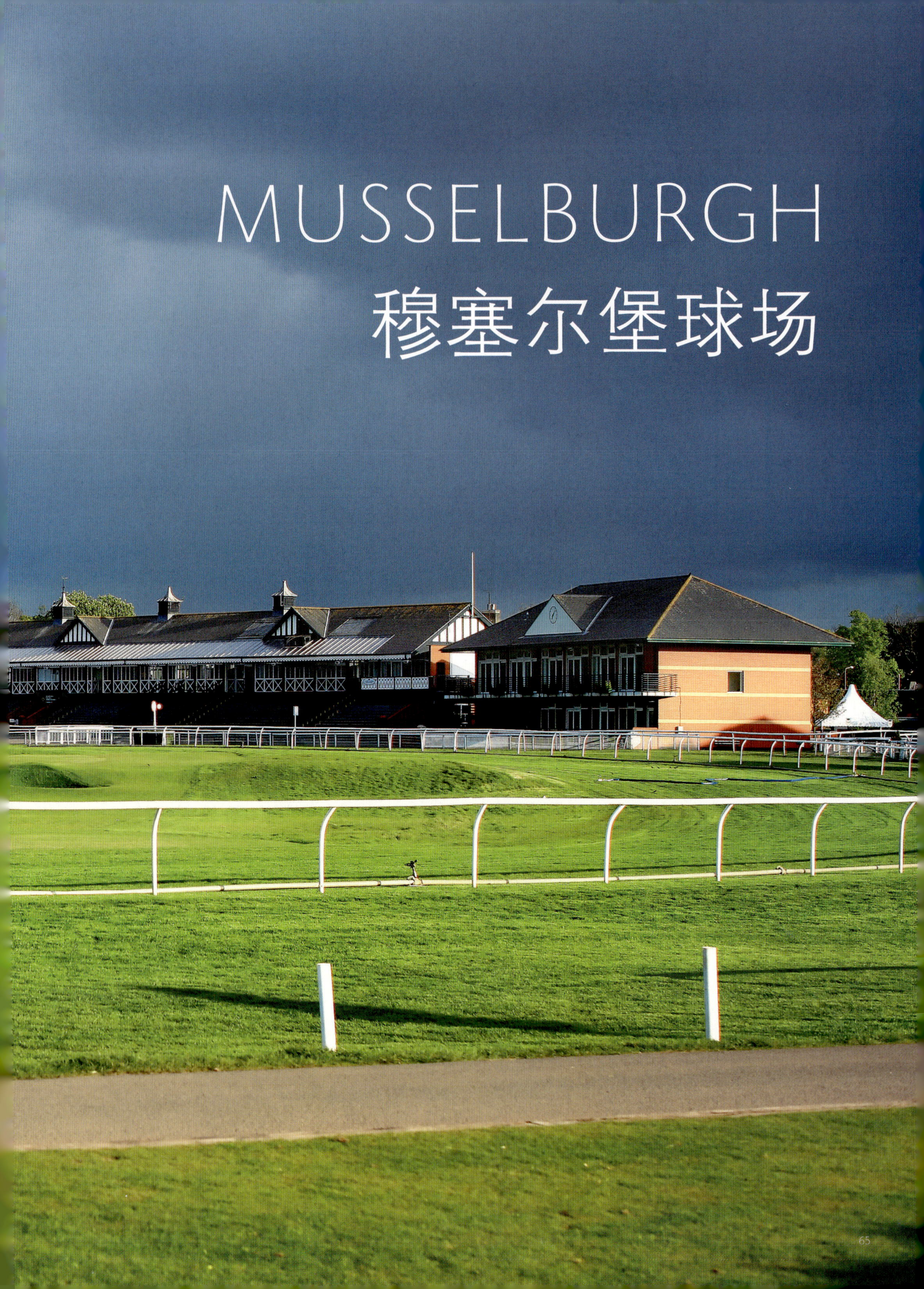

MUSSELBURGH 5 OPEN CHAMPIONS
BOB FERGUSON
1880 1881 1882
MUNGO PARK
1874
WILLIE PARK SNR
1860 1863 1866 1875
WILLIE PARK JNR
1887 1889
DAVID BROWN
THIS PLAQUE ALSO HONOURS TWO
FURTHER GREAT MUSSELBURGH
GOLFERS. WILLIE DUNN JR. FIRST
UNOFFICIAL US OPEN CHAMPION
AND WILLIE CAMPBELL FIRST
PROFESSIONAL BROOKLINE COUNTY
CLUB MASSACHUSETTS.

穆塞尔堡球场

球场长度 19世纪
3000码

1874 / 1877 / 1880 / 1883 / 1886 / 1889

穆塞尔堡在公开赛的发展历程中扮演着一个相对短暂、但具有重要意义的角色。在连接圣安德鲁斯与普勒斯特维克的过程中，它建造了轮流球场，1872—1891年，冠军赛在此举行，这一时期见证了球场尺寸的大幅度增加——让比赛更流行和更具竞争性。很多参赛者是穆塞尔堡的高尔夫球员，1880年前六名都是当地球员。帕克家族和鲍勃•弗格森是它最有名的市民。

从1836年开始，穆塞尔堡9洞球场被爱丁堡绅士高尔夫球社用作它的主场。当时，历史悠久的利思球场的发展迫使他们搬离城市。1891年，他们在远海岸的姆里菲尔德建立了一个新址。这一举动标志着穆塞尔堡冠军赛的终结——尽管9洞高尔夫不再被公开赛推行。但是，在跑马场内和外围的9洞高尔夫作为其荣耀岁月的标志，仍然存在。

左上图

5名当地出生的穆塞尔堡公开赛冠军获得者。他们的头像被刻在如今成为穆塞尔堡老球场高尔夫俱乐部会所外墙的装饰板上，以示纪念。

左下图

穆塞尔堡海滨球场及其周围跑马场的鸟瞰景象。

前页图

穆塞尔堡球场的第1个洞，其背景是跑马场正面观众席。

MUIRFIELD
莫里菲尔德球场

Ashworth

莫里菲尔德球场

球场长度 2002年公开赛
7034码，杆数71

1892 / 1896 / 1901 / 1906 / 1912
1929 / 1935 / 1948 / 1959 / 1966
1972 / 1980 / 1987 / 1992 / 2002

假设每一届公开赛都在莫里菲尔德球场举行，除了它的会员，没有任何人会抱怨。它是很多球员最爱炫耀的球场，主要是因为它至为重要的公正性。它的两个冠军更长久地表达了他们的情感。詹姆斯•布莱德为他的第二个儿子取名哈里•莫里菲尔德•布莱德，杰克•尼克劳斯将他俄亥俄州的获过奖的休闲球场称作莫里菲尔德乡村球场。因此，不用惊讶，尼克劳斯曾说过："莫里菲尔德是我最喜爱的球场，对我而言，它是公开赛轮流举行的球场中最好的。"

从建筑学的角度看，它提供了一个逆时针内9洞被半包围在顺时针外9洞的完美程式，尽管这一专利属于多个人。它可以很容易地让观众自由地从一场比赛转移到另一场比赛上，同时确保球员在球洞改变方向时持续地研究风的形势。当然，没有哪个球场能被一眼就认出来。1891年投入使用，它在次年第一次举办了公开赛，第一次参加公开赛的业余选手哈罗德•希尔顿获得了该届冠军。

希尔顿的最后两轮分别打出72杆和74杆，今天来看，这两轮的杆数是令人惊奇的低，但穆塞尔堡很快迎来了很多其他非常了不起的冠军。瓦尔登、布莱德（两次）、雷代表了老球员的骄傲。哈根完成了他个人的第4个冠军，科顿拿到了第3个冠军。普雷尔、尼克劳斯、特维诺、沃特森、费度（两次）和埃尔斯是现代高坛的顶级球员，而1935年夺冠的埃尔夫•帕里被时人看作奇人——但是如果有人能使用一支木杆将球从沙坑打上第14个果岭，从球道借助勺子击球找到第18个果岭，并领先4杆夺冠，就有资格在高尔夫明星行列获得一席之地。

很多最近的时刻都不及尼克劳斯的3号铁杆和费度的5号铁杆在第72洞的第2次击球，它们分别尘封了各自主人的1966年和1987年的公开赛首冠。在2002年公开赛的第一次四人对抗赛的加赛上，厄尼•埃尔斯打出的精确沙坑击球最终甩掉了他的追赶者。

1992 左图

约翰•库克在打第3轮的第5个洞时错过了一记老鹰推杆后，显得很沮丧。

前页图

第18洞的果岭，背景是俱乐部房舍。

1987

尼克•费度的获胜推杆。这是他的第一次公开赛胜利。他继续在1990年圣安德鲁斯和1992年莫里菲尔德获得另两次胜利。

1992

尼克•费度在锦标赛最后一轮的第5个球座击球。他几乎把这届冠军头衔送给了约翰•库克。在还有9个球洞时他领先4杆，后来只领先2杆，他在最后的4个洞再次给自己的挑战增加了难度，仅以1杆领先获胜。

1929 左上图

沃尔特•哈根和亨利•科顿与他们的球童在一起。

1929 上图

穿着帅气的观众密切注意着比赛。

1948 左下图

国王乔治六世（最右边）站在观众当中看球。

下页图

远望第10个果岭的景象，其背景是隐约可见的穿过福斯湾的法夫郡群山。

1966

阿诺德•帕尔默在练习场观看盖瑞•
普莱尔的挥杆。

1966 *right and below*

首轮锦标赛杰克•尼克劳斯在第18果岭主站台的下面遇到了难题。尽管如此，他与吉米•西奇考克当天并列第1名。在第2轮结束后尼克劳斯处于领先位置，但在第3轮掉到了菲尔•罗杰斯之后位列第2名。他以1杆领先，击败道格•桑德斯和戴夫•托马斯，再次赢得胜利。

2002 上图和右图

在锦标赛的第3天，一场暴风雨袭击了莫里菲尔德，导致杆数飙升。科林•蒙哥马利和老虎伍兹遭受了糟糕天气的影响。

POSITION AFTER 53 HOLES
PLAYER
FOR ROUND
GAME 38
-1 PRICE
211 +8 MONTGOMERIE
211 GAME 36
211 81
WOODS
211 77
OMEARA

TaylorMade

2002

厄尼•埃尔斯在最后一轮以一杆精彩的击球将球从沙坑送上第13洞的果岭。

2002 上图和中图

在公开赛历史上最具戏剧性的比赛之一打完之后，获胜的厄尼•埃尔斯被托马斯•里维特抱起来，在庆祝时，他将自己的帽子扔到了空中（中图）。在埃尔斯、里维特、斯图尔特•亚普雷拜和史蒂夫•埃尔金顿之间的4洞加赛结束后，埃尔斯击败了里维特。

2002 上图

托马斯•里维特庆祝自己在锦标赛最后一轮的第17果岭打出的老鹰球。

1980 下页图

汤姆•沃森在赢得个人第3座冠军后尽情地享受这一时刻。

Schweppes
ROLEX

1992 前页图

尼克•费度在击打最后一轮第13个果岭球。

1959 左图和下图

在最后一个球洞以6杆结束，极度郁闷的盖瑞•普莱尔认为自己没有获胜的机会了。然而，剩余的选手在最后几个球洞都没有抓住赶超他的机会，普莱尔的绝望变成了庆祝。这是他首次获得葡萄壶杯。

1972 上图

在第3轮当球错过球洞时，托尼•杰克林表情很无助。

1972 右图

新科冠军李•特维诺在颁奖仪式上与托尼•杰克林握手。杰克林获得第3名，杰克•尼克劳斯（图中右侧）获得第2名。

2002 下页图

厄尼•埃尔斯在公开赛最后一轮打第18洞的球座球。

PRINCE'S
王子球场

王子球场

球场长度 1932年公开赛
6890码

1932

20世纪30年代，有些球员将王子球场排在与迪尔和三维治一样高的位置，另外两个球场也是沿肯特郡长约3或4英里的海岸线举行公开赛。在二战中被严重破坏后，王子球场可能再也不会被考虑当作公开赛的举办地了。布拉巴森勋爵，一名战时内阁成员，后来成为PGA的主席，将王子球场遭受的空投炸弹比作“朝伦勃朗投标枪”。但在1932年，它的显赫名声收到了一份非常宝贵的赞誉——将简•萨拉逊加冕为公开赛冠军，这是一次不知出于什么原因而被推迟了的加冕。

萨拉逊在20世纪20年代风头不及沃尔特•哈根，但1928年在三维治完成了赶超，而且萨拉逊夺冠时取得了压倒性的5杆优势。萨拉逊的总杆数为283，创造了一个纪录，直到1950年才被打破。球场挑战的激烈性仍然存在，正如通向Pegwell湾的沿线道路。与被超越的皇家圣乔治球场相比，王子球场的沙丘没有那么大，但它们造成的危险也不小。

它的3个9洞球场，Himalayas、Shore和Dunes提供了一个宜人的折衷的混合布局，并在多年前数次考虑迁移俱乐部房舍的位置。在接近7000码的长度上，王子球场在1956年举办了柯蒂斯杯，这是一次严格的考验，但在他的值得记忆的岁月里，萨拉逊点亮了它，他成为在一个夏天同时赢得公开赛和美国公开赛的第二人。博比•琼斯在1926年和1930年曾达到了这样的高度。

1932 左图

简•萨拉逊在享受着胜利的喜悦。

前页图

王子球场的“Himalayas”球场
的第7个球洞。

ROYAL ST GEORGE'S
皇家圣乔治球场

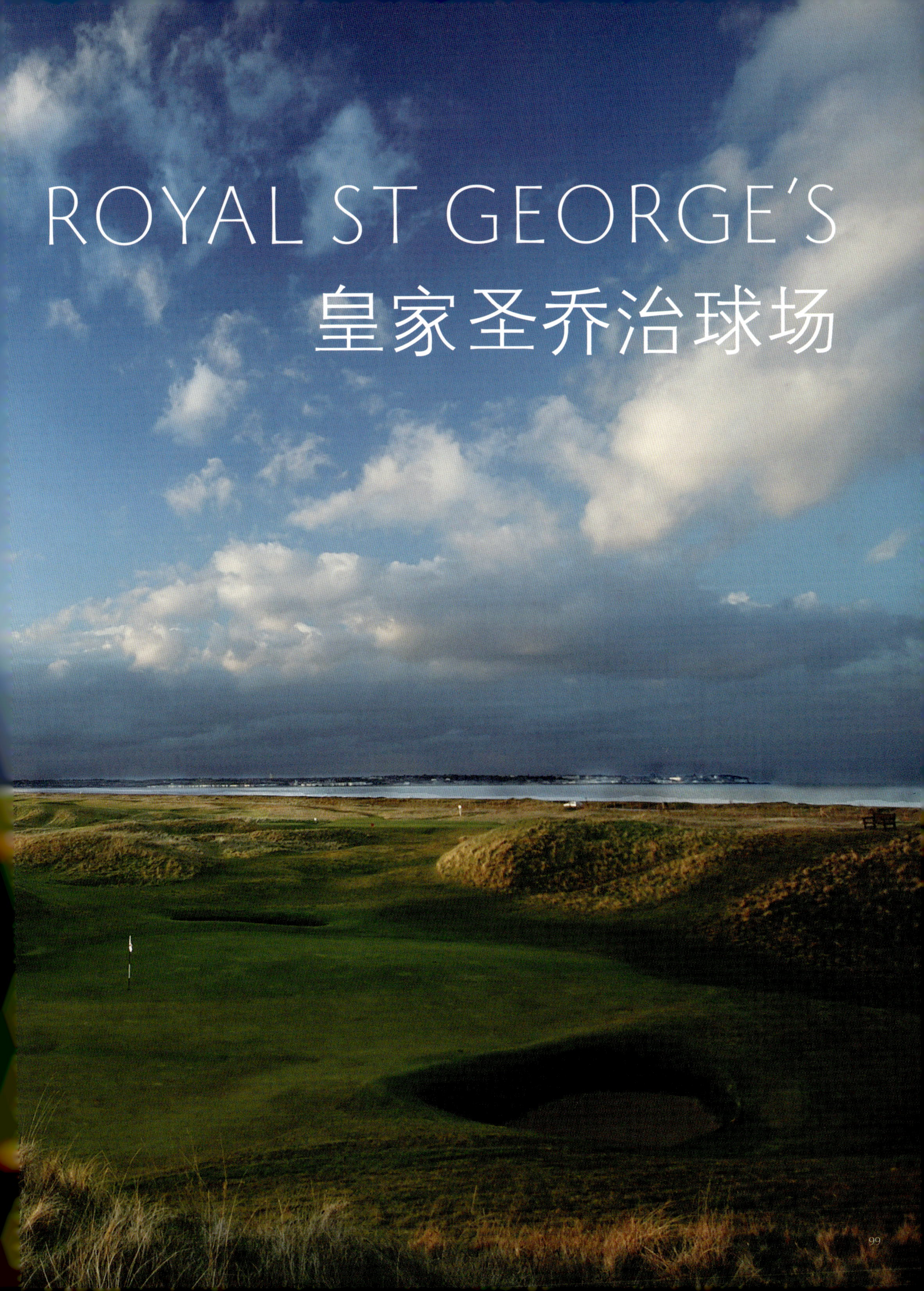

皇家圣乔治球场

球场长度 2003年公开赛
7106码，71码

1894 / 1899 / 1904 / 1911 / 1922
1928 / 1934 / 1938 / 1949 / 1981
1985 / 1993 / 2003

公开赛与皇家圣乔治高尔夫俱乐部的关系，众所周知像三维治一样，一直都是那么多变和有争议。在它的早期，称它为“一杆击球”的球场这种一致的抱怨引发了一系列的变化，但是布拉德•达尔文，那个改变了书写高尔夫“法律”的人，一直都是可以信赖的辩护律师。他将这个球场称作“大福佑”（perfect bliss）。

很可惜，1952—1961年达尔文任职主席期间，该球场没有举办一届公开赛。出于某些原因，一个长期的隔离延续至1949年的公开赛。然而，几次改革，包括新设置的第3、第8和第11洞，使公开赛于1981年回归。

对很多职业球员来讲，在皇家圣乔治俱乐部打球是他们与一个具有宽广天空的球场的第一次接触，尽管其独特的沙丘让每一个球洞都独具特性。它要求打向球道的开球在起伏地形上具有控制性，随后是打向不遵循任何特定风格的果岭的引人注目的二次击球。

由于俱乐部承载着英格兰守护神的名字，英国职业球员对它产生的喜爱超过了其他公开赛球场。1894年它举办了自己的第1届公开赛，英国本土职业球员J•H•泰勒夺得了第1个冠军。亨利•科顿在1934年改写了纪录——终结了长达11年没有英国选手夺冠的历史。1985年，桑迪•莱尔，一名英格兰业余选手，是自从1969年托尼•杰克林夺冠之后的第一个英国冠军。

哈里•瓦尔登在这一球场赢得了2次冠军的荣誉。杰克•怀特，森宁代尔的第一个俱乐部职业球员，在1904年成为第一位在最后一轮破70杆获胜的球员。而里格•维特柯布1938年在公开赛上掀起了超越所有前人的恐怖风暴。

在很难预测美国球员获胜的情形下，比尔•罗杰斯（1981）和本•柯蒂斯（2003）打破了这种英国球员垄断的格局。更有说服力的比赛是1949年的加赛，博比•洛克成功击败哈里•布莱德肖，但是沃尔特•哈根凭借1922年和1928年两次赢得冠军追上了沃尔登，确立了三维治的国际影响力。然而，为维持荣誉，1993年格里格•诺曼击败所有对手获得胜利。他的总杆数是267，这是最低纪录。他是完成4轮70杆以下的3个冠军球员之一，是最后一轮杆数最低的冠军球员（64）。

1981左图

杰克•尼克劳斯和塞弗•巴雷斯特劳斯在冠军赛开始之前，专注地在果岭上练球。

前页图

第6洞的景象，“处女地”，侧面是沙坑，背景是三维治湾。

1985

桑迪•莱尔庆祝他的公开赛胜利。他是自1969年托尼•杰克林获胜之后首位英国冠军。

1993后页图

伯纳德•兰格和格里格•诺曼走向最后一轮第18洞的球道。

BOSS

2003 左图

托马斯•比约恩用了3杆才将球从第16果岭旁的沙坑中打出来，与冠军失之交臂。

2003 右图

本•柯蒂斯在最后一洞将球推杆入洞，却不知这杆球已帮助他赢得了冠军。

Titleist
FJ

1928 & 2003

媒体彼时与此时的焦点：沃尔特•哈根（本页图）与本•柯蒂斯（右图）。

1934 上页图

亨利•科顿在他夺冠路上第6个果岭的推杆。

1949 左图

锦标赛上，球员们在第6个果岭的不同动作。

2003 下图

老虎伍兹最后一轮第6个果岭的推杆。

1993 左图

在第2轮比赛中，格里格•诺曼将球从长草区击出。

1993 上图

在第3轮比赛中，尼克•费度从短长草区打攻击果岭球。

1981 下页图

比尔•罗杰斯在以总杆数276的成绩赢得冠军后拥抱他的球童。他的总杆数领先第2名伯纳德•兰格4杆。

ROGERS

1949 右上图

博比•洛克从第18球座开球。

1981 右下图

在锦标赛开始前的练习轮赛上，格里格•诺曼让球从长草区逃离。

2003 后页图

第4洞右侧的大沙坑。

1922 顶图

球场上的氛围显得很轻松，一个年轻的家庭从球座侧面看球。

1934 上图

亨利•科顿开球，查尔斯•怀特卡波在观看。

18

MUSCLE

1934

在赢得他的3个冠军中的第1个后，
亨利•科顿为球迷签名。

1928

在准备接受第3个葡萄壶杯时，威尔士王子爱德华（后来成为国王爱德华八世）为沃尔特•哈根鼓掌祝贺。次年，他在莫里菲尔德收获了第4个、也是最后一个冠军。

1949 上图

一群围在BBC电台厅的观众，热切地等待赛况更新。

2003 右图

所有人都关注着老虎伍兹在最后一轮的开球。

ROLEX

ROYAL CINQUE PORTS
皇家五港球场

皇家五港球场

球场长度 1920年公开赛
6575码

1909 / 1920

迪尔举办了两届公开赛，还有三届由于种种原因未能举行。按计划，它将举办1915年的公开赛，但由于一战而被取消。它还曾计划举办1938年的公开赛，但在1938年5月7日由于球场遭受强风暴破坏而被迫取消。对举办1949年冠军赛的申请直到1948年5月才成功，但由于来自R&A的资金缺乏，无以恢复1947年洪灾后的球场条件，致使皇家圣乔治俱乐部承办了1949年的公开赛，正如1938年那届公开赛一样。因此，迪尔计划要举办的公开赛中，没有举办的次数要多于举办过的。

尽管迪尔球场对于轮流赛所做的调整少于它应该做的，但它的比赛价值从未被质疑过。事实上，伯纳德•达尔文认为它是所有冠军赛球场中“最考验球员和最苛刻的球场”。

1909年，公开赛被J•H•泰勒和詹姆斯•布莱德统治，他们完成了第1、2轮，但1920年的公开赛，一战后的第一届公开赛，见证了一个冠军凭借最后36洞的精彩表现实现逆转。乔治•邓肯在比赛一半的时候还落后阿贝•米切尔13杆，最后依靠领先山迪•赫德2杆的优势赢得胜利，米切尔排第4名。自从1920年，再也没有更高的赢球分数出现，邓肯的最后一次夺冠也没有打破全部4轮80杆的纪录。

迪尔球场设置的苛刻挑战仍然很难完成；它开放的、些许惨淡的景观，自从罗杰•韦瑟雷德1921年打入加赛，并于1923年在此获得业余者杯冠军之后，未曾有什么大的变化。如今的设施可能解决了球场的一些问题，但它仍然符合达尔文的描述，“美好，开阔，长打高尔夫，5杆看起来太多，4杆又显得少。”在一流的业余者和俱乐部高尔夫球员的眼中，它依然令人敬畏。

1924 对面图

乔治•邓肯，1920年公开赛冠军，在1924年公开赛期间站在俱乐部房舍前的照片。邓肯在比赛中曾落后第1名阿贝•米切尔13杆，36洞之后却以2杆优势赢得比赛。

前页图

从第18洞的果岭旁观看俱乐部房舍的图景。

1920

在第3个果岭的球员是阿贝•米切尔，完成36洞后他以领先6杆的成绩超过其他对手，但最后仅并列获得第4名。对面是如今的第3个果岭。

ROYAL LIVERPOOL
皇家利物浦球场

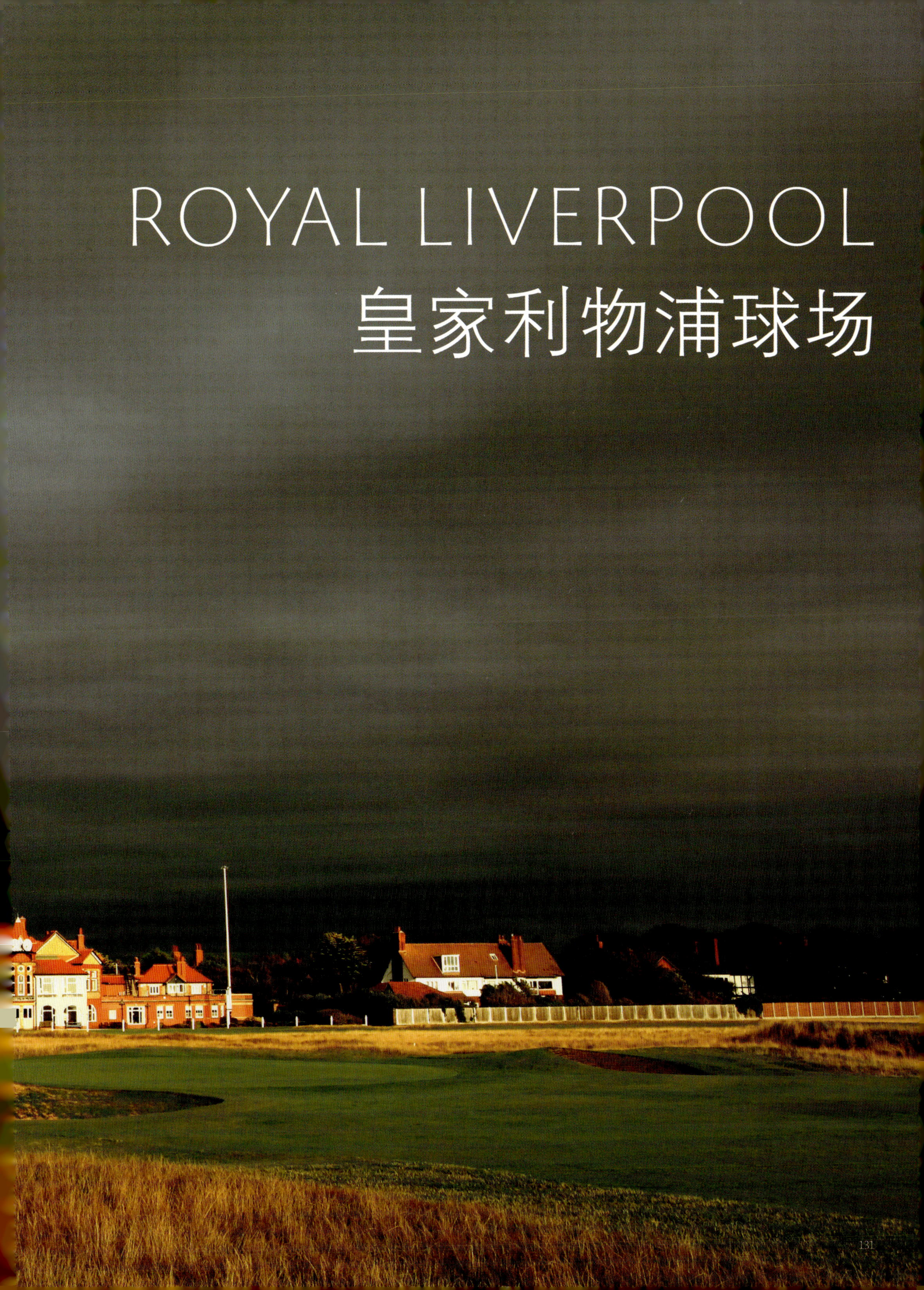

皇家利物浦球场

球场长度 2006年公开赛
7258码，杆数72

1897 / 1902 / 1907 / 1913
1924 / 1930 / 1936 / 1947
1956 / 1967 / 2006

皇家利物浦俱乐部一直以来都与一系列的“第一”联系在一起。很多记录是它对业余者比赛的贡献，但关于公开赛，它是第一家（且唯一）自己的会员哈罗德•希尔顿在主场获得冠军的俱乐部。它见证了当时使用改革的新球的冠军（山迪•赫德，1902），第一个来自海外的冠军（来自法国的阿诺德•马西，1907），第一个爱尔兰冠军（弗莱德•达利，1947），第一个也是唯一一个来自南非的冠军（罗伯托•德•维琴佐，1967）。它还是博比•琼斯完成大满贯的举办地之一（1930），皮特•汤姆森连续获得的第3个冠军（1956）——在20世纪唯一一位实现这一伟绩的球员。

如今筹划一届冠军赛的要求与很早以前相比提高了很多，在与皇家圣乔治俱乐部和卡诺斯蒂争夺举办权上，霍伊莱克疯狂地努力了39年。最后，通过寻求土地设置招待所和向铁路另一侧的霍伊莱克市转移练习设施， 2006年的回归被证明是一次辉煌的成功，当时焦干的球道让人联想起绝佳的滨海球场。老虎伍兹很珍惜这一挑战，并让它再次成为个人秀。

他的诀窍是将球从球座打到短距离的沙坑，并依靠最好的铁杆打球攻击旗杆。添加3个新果岭后，球场的果岭数目需要进行调整，原来的第16洞变成第18洞。在这个球洞还是第16洞时，罗伯托•德•维琴佐在1967年使用3号木杆完成最后一击，实现了夺冠梦想。他之前有好几次都非常接近夺冠，11年前汤姆森公开赛他获得第3名。

但是自从哈罗德•希尔顿赢得它的第一个公开赛冠军后，在霍伊莱克向一位知名人物致敬的充满感情的场面和浪漫就开始一起从人们的视线中消失了。1892年，希尔顿还赢得了莫里菲尔德的第一个公开赛冠军，当时另一位著名的霍伊莱克之子——约翰•保尔获得第2名。保尔，在1878年第一次参加公开赛，在1927年最后一次参加公开赛，并在1890年获得一次冠军。这是其他俱乐部不能比拟的宝贵遗产。

1924 左图

沃尔特•哈根第2次赢得公开赛冠军后，他的妻子向他祝贺。

前页图

第16洞的果岭，在2006年的公开赛上作为第18洞。

1902 左图

光着脚丫的儿童跟着比赛看球。

1924 中图

5届公开赛冠军J•H•泰勒对着照相机摆姿势，观众们在观看。2轮过后他排列在第2位，并最终获得第5名。

1947 下图

一个小男孩在围着信息板的人群后面等待着。

1936 右图

获胜者阿尔夫•帕德汉被道贺者围住。

1924 下图

简•萨拉逊从第1个球座开球。他在1922年获得美国公开赛冠军，在1922年和1923年获得美国PGA冠军。然而萨拉逊止步于1923年公开赛的资格赛，在1924年的公开赛上并列第41位。

1930 上图

博比•琼斯在第3次公开赛夺冠后进行演讲。在之前一个月，他帮助美国队赢得了在皇家圣乔治球场举行的沃克杯冠军。而在这之前，他还赢得了在圣安德鲁斯举行的业余者锦标赛冠军。在公开赛夺冠之后，琼斯返回美国赢得了美国公开赛和美国业余者锦标赛冠军，稳固了自己的高尔夫传奇地位，这让他完成了大满贯。

下页图

第11洞的果岭，之后改为2006年锦标赛的第13洞。

1947

在成为首位爱尔兰籍公开赛冠军后，球迷们将弗莱德•达利托举起来。

1947

一大批观众跟随着亨利•科顿穿过球场。

1956

皮特•汤姆森在将球打出沙坑时吸引了很多观众。他连续3年获胜，成为改为72洞赛制后首位上演夺冠帽子戏法的球员。

1956

亨利•科顿看起来比较放松，他倚坐在车上换鞋。

2006下页图

在锦标赛的最后一轮，老虎伍兹和他的球童史蒂夫•威廉姆斯在被太阳烤焦了的球场上寻路走向第2个果岭。

WOODS

2006

霍伊莱克球场的鸟瞰景象。

右图

193码、标准杆为3杆的第11洞。2006年公开赛它作为第13洞使用。

2006 后页图

英格兰的格雷•戴被笼罩在晚霞中，他在打首轮第16洞的第2杆击球。

1967

一大批人观看球员在第12洞击球。

1967

所有的眼睛都盯着滚向第72洞的球，这杆进球为罗伯托•德•维琴佐锁定了冠军。

2006 下页图

在第1轮比赛中，理查德•斯特恩将球从第16洞的球道沙坑中打出来。

2006

在最后一轮比赛中，老虎伍兹开第7洞的球座球。赢得个人的第3座公开赛冠军后，他情感爆发，喜极而泣。

ONE

ROYAL BIRKDALE
皇家伯克戴尔球场

皇家伯克戴尔球场

球场长度 2008年公开赛
7173码，杆数70

1954 / 1961 / 1965 / 1971 / 1976
1983 / 1991 / 1998 / 2008

皇家伯克戴尔球场被提名为举办1940年公开赛的俱乐部，后来才被招募为筹办公开赛的球场，但它很迅速就筹建完，成为值得在此一搏的竞技场。作为较为现代的球场之一，它拥有不少于两圈的9洞球场，以及沙丘之间较少起伏的球道。它将毋庸置疑的打球优势与空间结合，以求与重大赛事联系日趋紧密的外表装饰相一致。

当然，没有人会对它的冠军获得者的水平质疑——一份冠军名单包括皮特•汤姆森（2次）、阿诺德•帕尔默、李•特维诺、强尼•米勒和汤姆•沃森。汤姆森在1954年创造了历史，他是第一位澳大利亚籍冠军获得者，尽管他在伯克戴尔获得的个人第2冠被一致认为是他的5个冠军头衔中含金量最高的一个。当最后两轮在周五打完，他最终夺冠。

帕尔默1961年第2轮的73杆是坏天气轮赛中成绩最好的比赛之一，但周五的比赛取消了，当时还有36个球洞没有打，这意味着比赛在第二年继续，最后冠军赛在一个周六结束。然而，R&A曾声明取消周六的赛事（周日比赛是不可能的），冠军赛将可能被取消，这引起极大的担忧。让人欣喜的是，它最终顺利进行，并圆满落幕。

1971年和1976年见证了特维诺和米勒精彩绝伦的表现，米勒在自己的主场被尼克劳斯和一个年轻帅气的西班牙球员塞弗•巴雷斯特劳斯追击。如果有什么值得被大家铭记，那就是沃森夺第五冠的超强开球和第72洞的2号铁杆击球，以及1991年依安•贝克•芬奇在最后一轮的29洞前一半的精彩表现。他是第4位澳大利亚籍冠军获得者，之后是马克•欧米拉1998年应得的成功，帕德里格•哈灵顿在2008年的完美收官突然将他的追击者在历经风雨的一周内甩开一段距离。爱尔兰人的胜利打破了迄今的模式——伯克戴尔的冠军一直以来都是澳大利亚球员或美国球员。

2008 左图

格里格•诺曼在经过最后一轮与帕德里格•哈灵顿戏剧性的直接对抗后，祝贺后者赢得公开赛冠军。

前页图

第18洞的果岭，傍晚时分最后几缕阳光照射在房舍上。

1961

“Arnie军团”在围观他们的英雄阿诺德•帕尔默打长草区的球。他最终夺冠，并在次年成功卫冕。

2008 左上图

在最后一轮，观众密切注意克里斯•伍德的比赛进程。身为著名业余者的他赢得了银奖。

2008 左下图

格里格•诺曼在打第8洞长草区的球，一大群观众在旁观。

1971 上图

一些球迷找到了一个更有利、但危险的看球位置。

1965 右图

所有人的眼睛都聚焦于托尼•莱玛，他正在打一个很棘手的落位球。

1971

获胜时刻：夺冠的李•特维诺欣喜地
将他的帽子扔到空中。

1971 右图和上图

特维诺拥抱获得第2名的陆先生（Mr.Lu），将葡萄壶杯举到唇边以示庆祝。

下页图

伯克戴尔球场第11果岭的景象。

1976

塞弗•巴雷斯特劳斯在打沙丘球。

1983 下页图

阿诺德•帕尔默（左边）和汤姆•沃森（右边）正在击球。沃森正在他获得第5座冠军的途中。

9

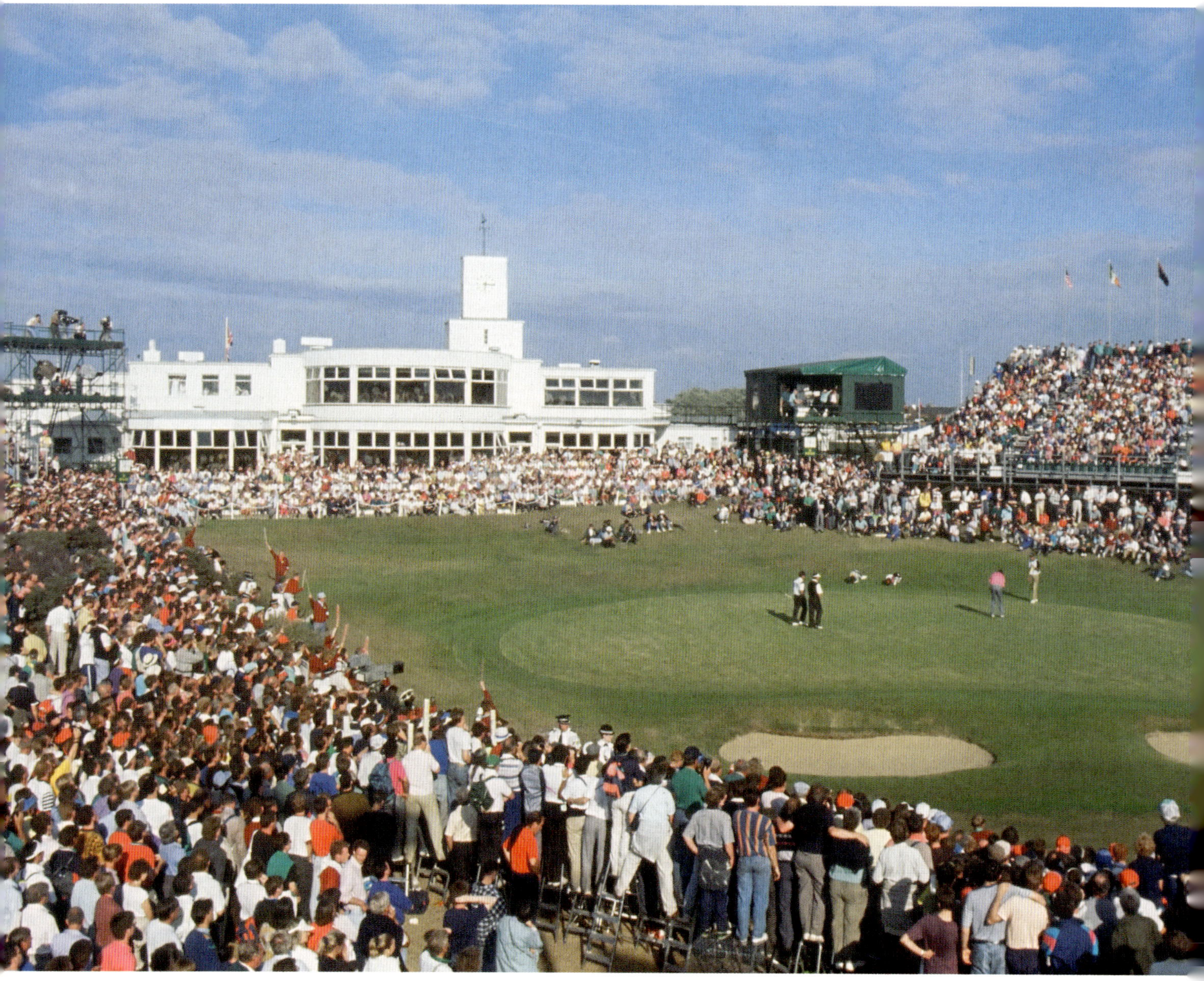

1991 左图和上图

依安•贝克•芬奇正处于第18洞果岭，葡萄壶杯就快到手了，随后他以领先麦克•哈伍德2杆获胜，他举起双手以示庆祝。第3轮64杆的惊人表现让贝克•芬奇对竞争变得认真起来，他和马克•欧米拉一起领先其他选手进入最后一轮，后者最终获得第3名。

1998 下页图

人群和媒体围在第18洞果岭，获胜者马克•欧米拉手握葡萄壶杯。

2008 上图

在第3轮比赛中，卡米罗•维莱加斯在把球打出第18洞沙坑时，造成了一个小的沙尘暴。

1998 右上图

在最后一轮比赛中，贾斯汀•罗斯第3杆将球送进第18洞后显得很开心。他最终获得第4名，并作为顶尖业余者赢得了银奖章。

2008 右下图

在最后一轮的比赛中，伊恩•波尔特在第16洞打出小鸟推杆后的强烈反应。他最终获得第2名。

2008 后页图

帕德里格•哈灵顿将球打向第18洞果岭，并获胜。

THE OPEN CHAMPIONSHIP
ROSE

THE OPEN
PLAYER
NORMAN
HARRINGTON
POULTER
WAKEFIELD
KIM
FURYK
STENSON
WOOD
AFTER 15
PLAYER
POULTER
WOOD
STORM
STENSON

ROYAL LYTHAM & ST ANNES

皇家莱斯姆 & 圣安妮斯球场

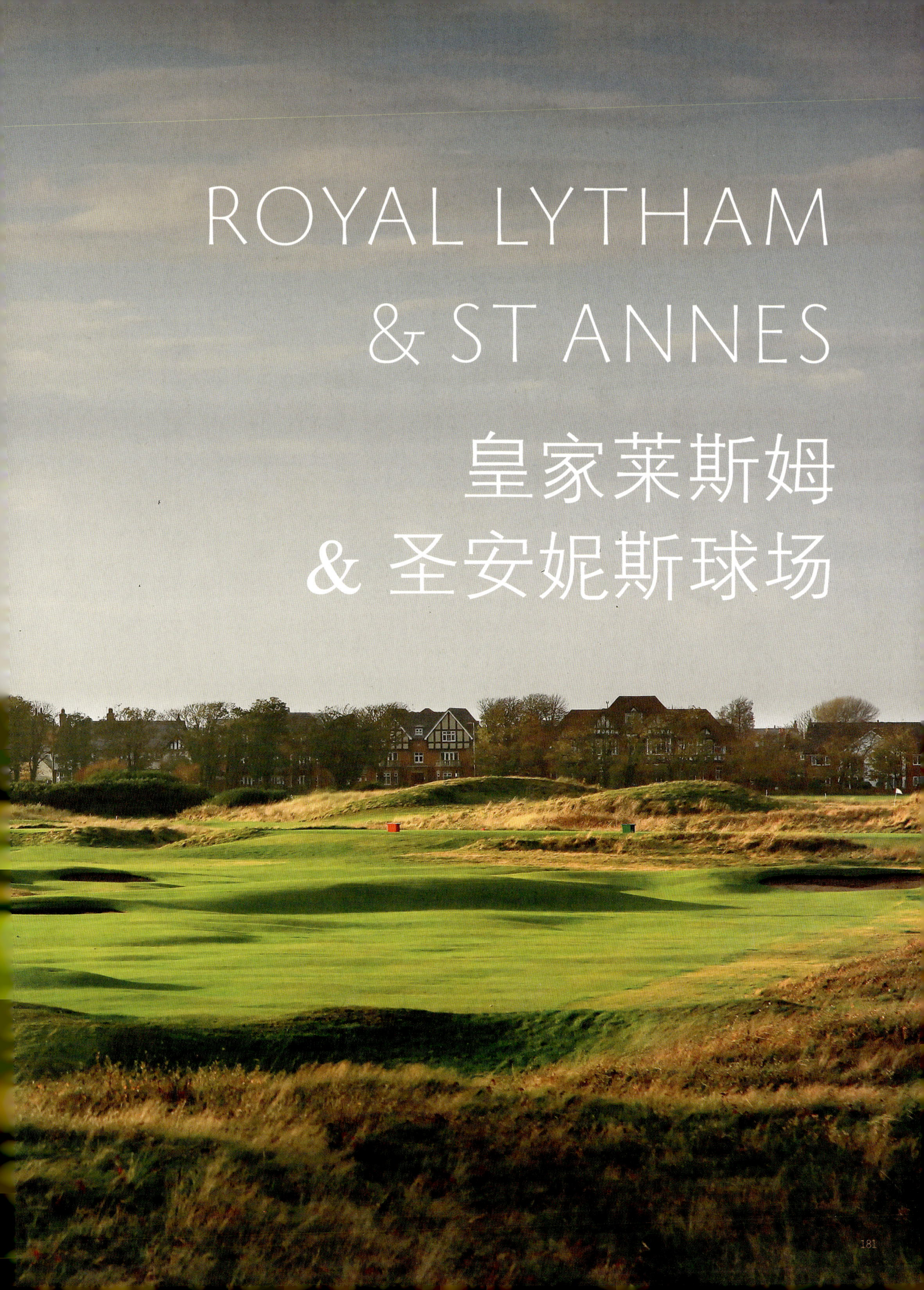

皇家莱斯姆 & 圣安妮斯球场

球场长度 2001年公开赛
6905码，杆数71

1926 / 1952 / 1958 / 1963 / 1969
1974 / 1979 / 1988 / 1996 / 2001

皇家莱斯姆球场承办了普勒斯特维克球场之后的那届公开赛。1926年，它举办的这届公开赛的开赛阶段和博比•琼斯最后的夺冠都再精彩不过了，但奇怪的是，它再也没有被选上，直到1952年，当时皮特•汤姆森获得亚军，博比•洛克夺得冠军。然而，从那以后，它就成为公开赛的一个常规举办球场了。

与大多数球场相比，莱斯姆球场处在一个更加封闭的乡村环境中。莱斯姆一开始是一个不同寻常的一流球场，拥有一个短距离球洞。前三个洞的特点是界线沿着铁路，但是过多借用沙坑和长草区使球场成为一个残酷的考验，特别是在刮西北风时。

1926年，琼斯在桑尼戴尔举行的资格轮赛上打出了自己的最好水平，一轮打出66杆，另一轮为68杆。在莱斯姆的冠军赛上，他需要在最后5个洞来一次强势反弹，一次庆祝式的71杆回归，击败他的美国对手艾尔•瓦特罗斯。

莱斯姆的第18洞在过去的岁月里见证的痛苦和狂喜一样多，后者的例子有1958年汤姆森获得的一次加赛，更近些年的例子是1969年的托尼•杰克林。在如此让人动情的情形里，杰克林的第4冠堪称完美——18年来第一个英国球员夺冠。

1963年，鲍勃•查尔斯在加赛获胜并创造了3个“第一”。他是第一个左手冠军球员，第一个来自新西兰的球员，也是最后一次实行36洞制的加赛。

塞弗•巴雷斯特劳斯的两次胜利极具对比性，第一次表现的是年轻球员无限的活力，第二次表现的是久经赛场的智慧。1988年的冠军赛是在周一落幕的唯一一届，但巴雷斯特劳斯和尼克•普莱斯的表现为这届拖长的赛事画上了一个非常有价值的句号。

1988 左图
赛弗•巴雷斯特劳斯在全挥杆。

前页图
第4洞以俱乐部房舍为背景的景象。

1926

在赢得个人3座公开赛冠军中的第1座后，博比•琼斯被颁发葡萄壶杯。

1974 后页图

盖瑞•普莱尔正在分析和调整一次推杆，大量观众坐在看台上观看。

1952 上图

新闻短篇报道的摄影师们为了获得更好的视角，站在他们的车顶上。

1963 右上图

菲尔•罗杰斯递交他的计分卡。通过最后一轮连追2杆，他迫使一场同鲍勃•查尔斯的36洞加赛。罗杰斯在第二天的加赛中告负。

1963 右图

杰克•尼克劳斯在计分大篷车外举行一个非正式的新闻发布会。

GRAPPASONNI.U.
ODAMS.T.E.
KNIPE.J.
PEARSON . MrM.G
LESTER.E.
LOWEST 4TH ROUNDS
COTTON T.H. 294
CERDA A 295
KING S L 295

1952 & 1958

左图和本页图

他们时代的风云人物：博比•洛克（左边）和皮特•汤姆森（右边）统治了1949年和整个20世纪50年代。洛克赢得4次冠军（1949、1950、1952、1957），汤姆森赢得5次冠军（1954、1955、1956、1958、1965）。洛克在第4冠和第5冠之间的7年里见证了三巨头——帕尔默、普莱尔和尼克劳斯——到达生涯巅峰。

下页图

一场即将到来的暴风雨笼罩着第6洞的果岭。

1969 左图

托尼•杰克林观看鲍勃•查尔斯的开球。

中图

以领先2杆击败查尔斯后，杰克林抛掉他的推杆举起双手庆祝。他成为自1951年马克思•福克纳之后首位捧起葡萄壶杯的英国球员。

左下图

新科冠军与媒体记者见面。

右图

杰克林打长草区的球。

1974 后页图

朝第18洞第2杆击球后，盖瑞•普莱尔遭遇一个很棘手的落位球，他的球太靠近俱乐部房舍的墙壁。在打了一杆左手击球后，他最终以领先4杆获胜。普莱尔是4轮过后唯一一位以低于标准杆完成比赛的球员。

第9洞的景象。

1979 左图和下图

在赢得第1个冠军头衔之后的塞弗•巴雷斯特劳斯（他总共赢得3冠）。

1988 下页图

在锦标赛的首轮，一群观众围住塞弗•巴雷斯特劳斯，他最终赢得了该届赛事的冠军。这是他公开赛的第3冠，也是在莱斯姆的第2冠。

1996

汤姆•雷曼以总杆数271杆的成绩获胜后向人群示意。厄尼•埃尔斯和马克•迈克卡波尔仅落后2杆，屈居第2名。

2001 后页图

大卫•杜瓦尔在最后一个锦标赛比赛日打长草区球。在第3个比赛日一轮65杆的出色表现把他从并列第35名拉到了并列第1名，最后一轮控制性的67杆使他领先第2名尼克拉斯•法斯3杆取胜。

6.31
ROLEX
THE OPEN CHAMPIONSHIP
UNISYS
1996 ROYAL LYTHAM & ST. ANNES
HOLE PAR PLAYER SCORE
LEHMAN
72 -11 ELS 273
72 -11 McCUMBER 273
71 -10 FALDO 276
72 - 8 MAGGERT 276
72 - 8 BROOKS M.
POSITION AFTER 71 HOLES
PLAYER
GAME 39
-10 FALDO
-13 LEHMAN
SCORE FOR ROUND

ROYAL PORTRUSH
皇家波特拉什球场

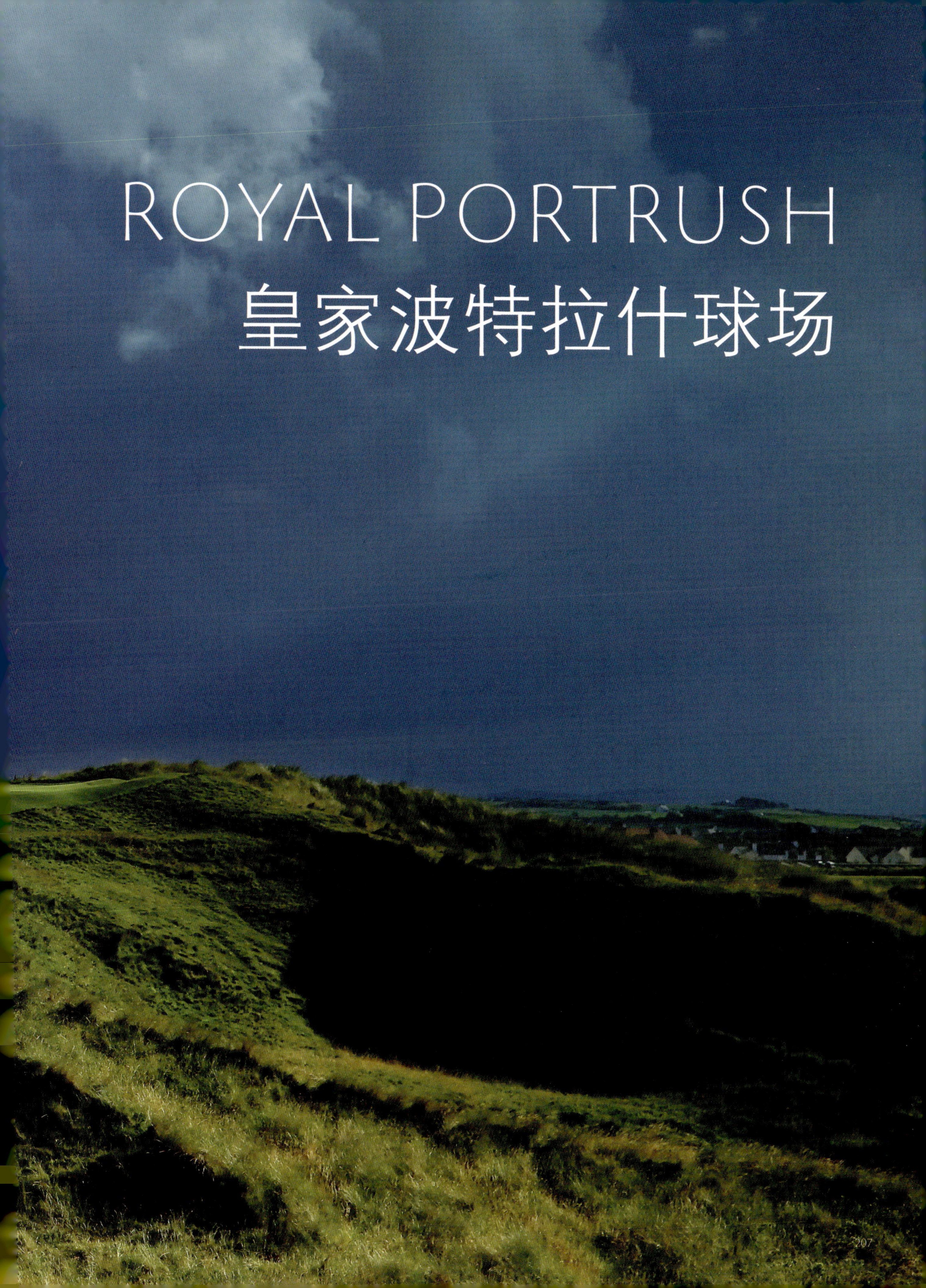

皇家波特拉什球场

球场长度 1951年公开赛
6802码

1951

皇家波特拉什球场举办的唯一一届公开赛也是在北爱尔兰举行的唯一一届。该届冠军是马克思•福克纳，他分别在1949年和1950年获得第6名和第5名。从爱国的角度看，福克纳是在英国选手经历18年公开赛冠军荒之后第一位来自英国的公开赛冠军。然而，同样有意义的是波特拉什球场公开赛见证了皮特•汤姆森的第一次上场，他当时获得了第6名。

福克纳，一名哈根型的表演者，也是一位不错的击球手。他的成功，和很多冠军一样，很大程度上要归功于幸运，他在刮风下雨的下午之前以70杆的成绩完成了第2轮，而他的挑战者则饱受风雨之苦。他获胜的另一个重要原因是，他的285杆击球中只有108杆是推击。波特拉什（1947年冠军弗莱德•达利的出生地）的仰慕者对它只举办了一届公开赛而感到遗憾。

它从未停歇，就像一些球洞的名字暗示的那样。“喜马拉雅”（Himalayas）、“大灾难”（Calamity）和“炼狱”（Purgatory）给人的印象是惊骇，但“小旅馆”（Tavern）和“羽绒床”（Feather Bed）暗示了程度较轻的一方面。哈里•考特高尔夫球场，第6个纪念高尔夫球场建筑师的球场，伯纳德•达尔文撰文称，哈里“给他自己建造了一个比黄铜更永久的纪念物”，波特拉什的海岸荣耀位于考斯韦和斯凯里斯。这个一流的海滨球场对众多最优秀的选手来说，仍然是一大挑战。

1951 左图

马克思•福克纳在他被授予葡萄壶奖杯时开怀一笑。

前页图

被称为“大灾难”的第14洞的景象。

下页图

第6洞的果岭，第6洞的后面是翠谷球场。

1951

观众聚集在计分板前面。

1951

博比•洛克，右侧远处，从短草区向第9洞击球。

TURNBERRY

坦伯利球场

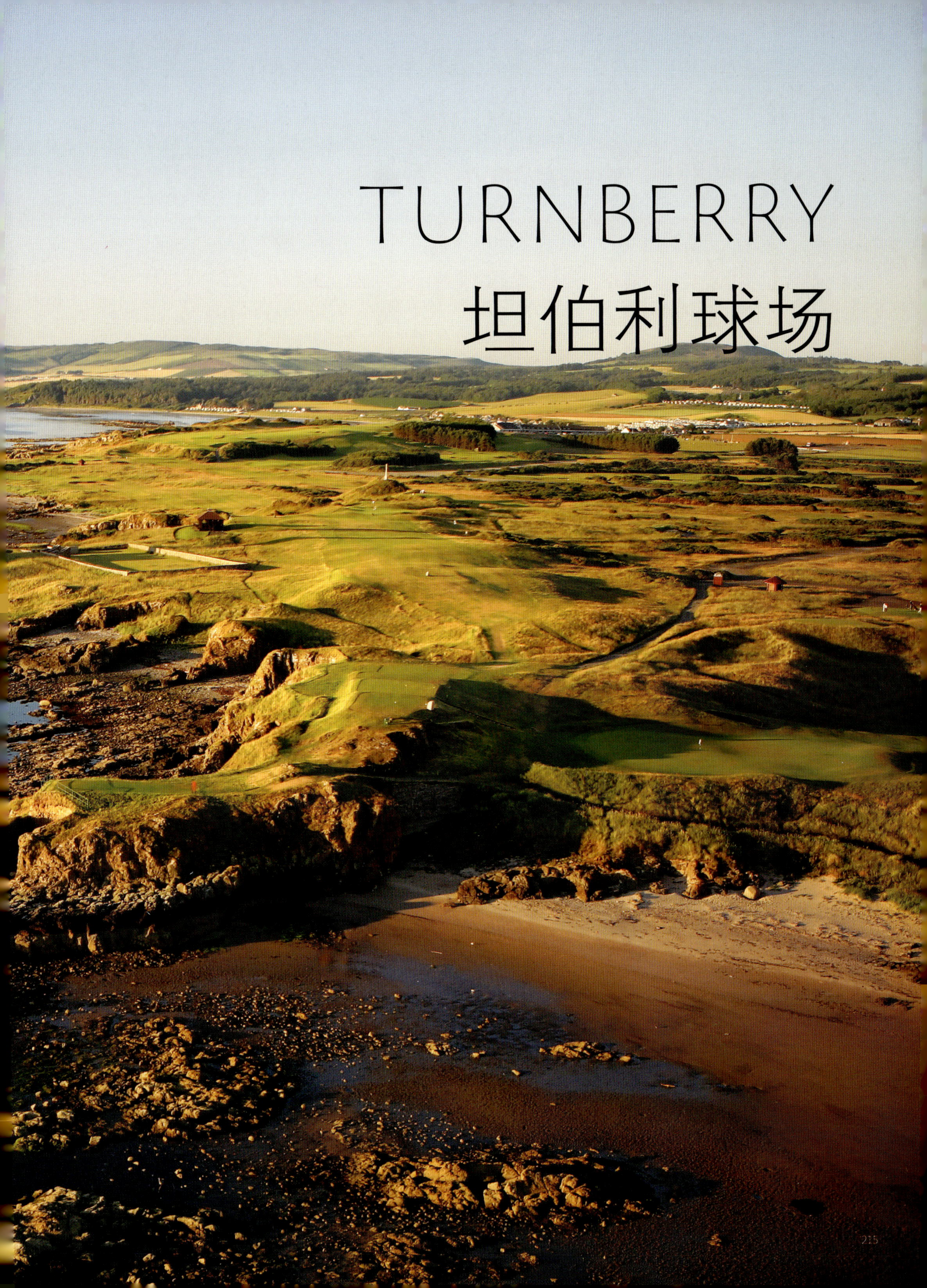

坦伯利球场

球场长度 2009年公开赛
7204码，杆数70

1977 / 1986 / 1994 / 2009

汤姆•沃森为坦伯利球场的声誉和荣耀做出了巨大的贡献，坦伯利应该为他建造一尊黄金纪念碑。沃森同杰克•尼克劳斯的伟大战役使它筹办的1977年公开赛赢得了热烈的赞扬。作为打造完美开场的许多特色中的核心，球场其余部分仅允许步行。尼克劳斯落后沃森1杆，其他人都落后沃森11杆以外。

尽管追赶这届具有特别意义的公开赛很困难，接下来的两届坦伯利公开赛也因为格里格•诺曼1986年的加冕和尼克•普莱斯1994年的加冕变得意义重大。2009年，沃森再次上演了一场不可思议的表演。时隔他第一次出现在卡诺斯蒂球场34年后，他领先到最后一轮，随后又领先到最后一个球洞。在他60岁生日前46天中，他以骑士精神和稳定的技术站立在公开赛胜利的边缘，可能是整个体育界最令人震惊的成就。

咒骂球员在高尔夫运动中是不应该出现的。不受约束的观众，如果有这样的人，将会因沃森在第72洞漂亮的2次击球受到粗鲁的对待而咒骂，因为球滚到了果岭后方的斜坡，这种难题超出了沃森的能力范围。很快就开打的加赛对沃森疲惫的四肢更是残忍的折磨，但高尔夫世界仍然沉迷在崇拜中，沃森在被击败后的表现比他以往获胜时更优雅。斯图亚特•辛克抓住了属于他的机会，虽然好运使他获胜，他本人也是一位值得尊敬的对手。

如果没有早前在坦伯利的快乐记忆，如果是另外一个球场举办这届比赛，那它是否还能成为沃森灵感的来源？没有任何其他地方在太阳闪耀时具有如此神奇的力量，但1986年，诺曼不得不经受两场比赛之间两天的暴风雨，一场比赛第2轮他打出63杆，其中包括第18洞的3次推杆，另一场比赛他打出69杆，但由于落后5杆而告负。

8年后，普莱斯激动人心的完成杆给了他一次额外击球，这是一届所有人都希望他获胜的公开赛。在颁奖时，他评论说："1982年，我的左手触摸到了奖杯。1988年，我的右手触摸到了奖杯。现在，我的双手最终都触摸到了奖杯，天哪，这感觉太好了。"

1977 左图

"竞赛在阳光下"结束了，汤姆•沃森成为获胜者。在公开赛历史上最戏剧性和最值得记住的比赛之一打完后，他和杰克•尼克劳斯一同离开第18果岭。

前页图

界定球场的高低不平的坦伯利海岸线。

1977 上图

沃森和尼克劳斯在最后一轮的一些举止。

1977 中图

在比赛第3轮下起雷阵雨，沃森和尼克劳斯被迫暂停比赛，并在岩石旁躲雨。

1977 上图

以一记推杆小鸟球完成第72洞并终结竞争后，沃森的庆祝。他以268杆获胜，这是公开赛的新纪录，一直保持到1993年。他打破了阿诺德•帕尔默在1962年创造的276杆的纪录，追平了汤姆•魏斯科普在1973年创造的纪录。

1986 下页图

格里格•诺曼在他的最后一轮从第9个球座开球。

2009 前页图

从改造过的第16洞果岭后方拍摄的如画景象。

1986 左图

在第2轮的比赛中，格里格•诺曼攻击第18果岭，本轮他还创造了63杆的新的球场纪录。

1986 上图

诺曼以领先5杆的成绩赢得他的第一个公开赛冠军后与他的球童庆祝。

1994 左页图

加斯帕尔•帕纳维克在第4轮的第15洞遇到了麻烦，最后他选择了一次抛球。与此同时，尼克•普莱斯在第17洞完成一记老鹰推杆后单脚跳向空中。

1994 本页图

绝望的帕纳维克，在第72洞超过标准杆5杆的成绩让他付出了惨痛的代价。欣喜的尼克•普莱斯，因为他的双手最终捧起了葡萄壶杯。

2009 左上图

年轻与智慧的碰撞：汤姆•沃森和马特奥•马纳塞罗在第2轮第16洞的果岭上，之前沃森完成了一记小鸟推杆入洞。

2009 左图

在第二个比赛日，塞尔吉奥•加西亚在汤姆•沃森走向第18洞球道时鼓掌，以表示对他的尊敬。

2009 上图

斯图尔特•辛克庆祝他在最后一轮第18洞打出一记小鸟推杆入洞。

2009

沃森察看停在洞口很近的球——他明白他错过了进球，一场加赛将不可避免。

2009 右上图

沃森保持平静，而加赛获胜后的辛克情绪十分激动。

右图

沃森看着辛克研究葡萄壶杯。

下页图

在最后一轮，沃森从坦伯利的海岸线向外凝视大海。

THE OPEN
9
PAR 4
YDS 449

PRESTWICK
普勒斯特维克球场

普勒斯特维克球场

球场长度 1925年公开赛
6444码

1860 / 1861 / 1862 / 1863 / 1864 / 1865
1866 / 1867 / 1868 / 1869 / 1870 / 1872
1875 / 1878 / 1881 / 1884 / 1887 / 1890
1893 / 1898 / 1903 / 1908 / 1914 / 1925

普勒斯特维克球场可以庄严地声明自己是高尔夫锦标赛的摇篮。普勒斯特维克俱乐部创设并筹办了24届公开赛。而且第1座球场很有趣地设计了12个球洞，它纵横交错的设计使比赛和观赏明显地增添了不确定性。

正确的历史考证表明，第1届公开赛在1860年10月17日周三举行。比赛共有8名球员参加，经过3轮12洞球场的较量，老威利•帕克领先老汤姆•莫里斯2杆获胜。在1851年俱乐部建成时，St Andrean被任命为球场的管理者。公开赛发展的全部荣耀属于普勒斯特维克俱乐部，其见证了锦标赛一种形式的终结。罗伯特•布朗宁在《高尔夫史》一书中将这一时期描述为“私人比赛的黄金时期”。

随后对公开赛界线的消除，证明了它是自身成功的受害者。它吸引的观众如此之多，以至于它觉得凭1926年开始实行的入场球票无法管理他们，尽管球场在1884年公开赛已经改为18洞。然而，和迪尔、王子球场以及波特拉什球场一样，对于球场的挑战没有任何减弱的趋势。从很多角度讲，它是比山核桃树时期更好的现代测验。它包括很多杰出的独立球洞，由于那些具有明显边界的果岭更易于一套齐全的劈起杆来处理，这些球洞可以检验更宽的打球技能范围。当然这也将非常有趣。

吉姆•巴恩斯，一位出生在康沃尔的美国人，是普勒斯特维克举行的最后一届公开赛的冠军。但在历史上被记住的主要是小汤姆•莫里斯和哈里•瓦尔登的表现。汤米1870年12洞47杆的伟绩，包括在长度为578码的第1洞打出的3杆，为杆数设定了新标准。是他而非其他球员塑造了普勒斯特维克的声誉。另一位骄子协会的传奇人物是瓦尔登。1872年引进球场轮流举办制后，他是唯一一位在同一个球场赢得3届公开赛冠军的球员，包括1903年那届，当时他的兄弟汤姆拿了第2名。

1925 左图

迈克唐纳德•史密斯在普勒斯特维克举行的最后一次公开赛上从第13个球座开球。

前页图

“阿尔卑斯”第17洞的果岭。

1903 左图

J•H•泰勒从第1个球座开球。他最终获得第9名。

中图

在最后一轮，哈里•瓦尔登穿过“喜马拉雅”的球员桥通道。

下图

哈里•瓦尔登在第18洞的推杆帮助他赢得他6座冠军中的第4座。他的成绩是总杆数300杆，领先他的兄弟汤姆6杆。瓦尔登在普勒斯特维克球场赢得了个人6个公开赛冠军中的3个。

1908 右图

詹姆斯•布莱德，第4次获得公开赛冠军，和他的球童及一群观众站在俱乐部房舍的外面。布莱德共打了291杆，领先汤姆•保尔8杆。

后页图

第18洞果岭和俱乐部房舍的图景。

1925 对面图

球场和看球的观众的全景图。

1925 上图

迈克唐纳德•史密斯（右边）穿过伯恩，人群准备跟过去。

下页图

落日余晖投洒在第14洞球道上。

ROYAL TROON
皇家特伦球场

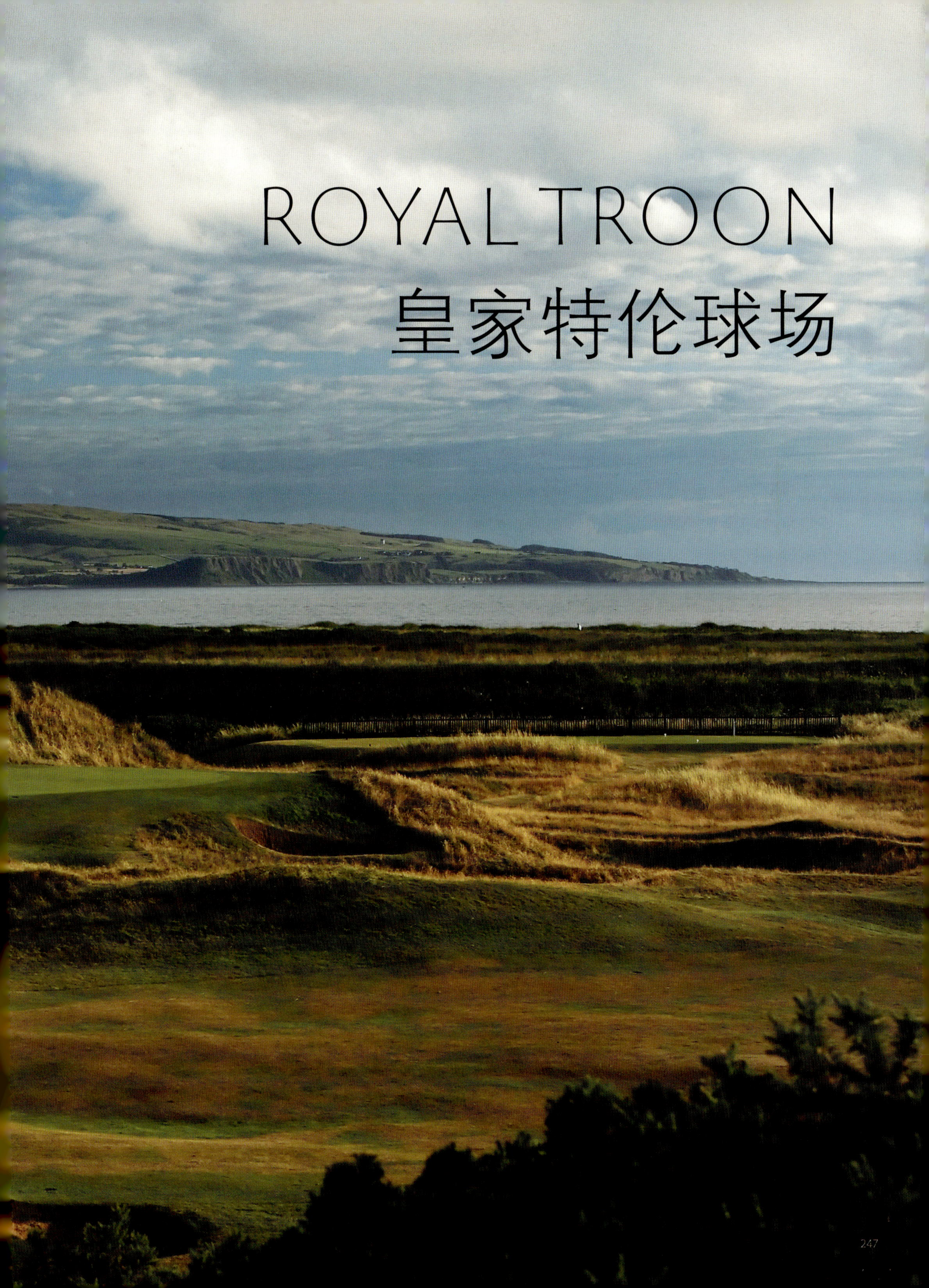

皇家特伦球场

球场长度 2004年公开赛
7175码，杆数71

1923 / 1950 / 1962 / 1973 / 1982
1989 / 1997 / 2004

作为Ayrshire俱乐部的公开赛旗手，特伦承担了普勒斯特维克的角色，尽管它的第一次公开赛和第二次之间相隔27年。正如莱斯姆，它依据出和回（out and back）的原则设计而成，前9洞包括高尔夫锦标赛中最短的球洞（第8洞），123码。直到2005年，它还拥有了最长的球洞（第6洞），601码。

在一个迷恋长度的世界，“邮票”是灵巧熟练的象征，在这个球洞，无敌的格里格•诺曼1989年完成了最后一轮64杆的最后一击。你可能会说，老虎伍兹1997年还在那儿完成了一个6杆击球呢。

如果有风协助沿着海岸的开赛球洞，公开赛将展现一个非常不同的故事，但1962年，它的角色是相反的。一周内在快速滚动球道中，前9洞给阿诺德•帕尔默制造了更多的麻烦。除了帕尔默，标准杆5杆的第4洞超出了几乎每一个球员的射程范围。他有2次6杆和2次5杆，但他在更长的后9洞的击球为他耀眼的成功奠定了基础。

沿着铁路的新加长的第11洞是非常关键的，但在4轮中，帕尔默以一种典型的骑士风格驯服了它，最终以276杆的成绩领先克尔•纳格尔6杆，赢得胜利。他的总杆数是当时最低的。这一年还见证了杰克•尼克劳斯赛场辉煌的开始，以及对更严格控制观众的方法的需要。

特伦的唯一一位主场获胜者是1923年夺冠的亚瑟•哈沃斯，尽管博比•洛克由于获得了1950年的冠军而在英国广为人知。帕尔默之后，美国球员的统治仍在继续，表现优雅的汤姆•魏斯科普完全统治了1973年的高坛，而汤姆•沃森获得了1982年的成功，一名或两名其他球员本也有可能、也许应该赢得这届冠军。

之后是马克•卡卡维奇亚在第一次3人（还是首次4洞制）加赛上突出重围，贾斯汀•伦纳德的胜利，以及托德•汉密尔顿在一场加赛上击败厄尼•埃尔斯。因此，埃尔斯也是在加赛获得和失去冠军的球员之一。

一个伤感的脚注是简•萨拉逊在第8洞使用5号铁杆一杆进洞，这发生在他第一次参赛的50年后——当年他在资格赛上折戟沉沙。

2004 左图

伊恩•波尔特在第2轮第6洞的挥杆。
他最后并列第25位。

前页图

第8洞的全景，该洞被称作“邮票”。

1923 左上图

泰德•雷在长草区击球。雷1912年赢得公开赛冠军，并在1920年赢得美国公开赛冠军，最终排在第20位。

1923 左下图

亚瑟•哈沃斯将球打出沙坑。他最终赢得公开赛冠军，领先沃尔特•哈根1杆。

1989 上图

在4洞制加赛上格里格•诺曼将最后一洞的开球打进了沙坑中，他对冠军的角逐就此结束。最后一轮惊人的64杆让诺曼连追7杆，并迫使了一场同马克•卡卡维奇亚和维恩•盖雷迪的加赛。最终卡卡维奇亚获得冠军。

1962

人群为跟上比赛的进度冲向
球道。

1962 右图

克尔•纳格尔在最后一轮从短草区打球。

1962 下图

计分板显示帕尔默低于标准杆5杆，而纳格尔低于标准杆2杆。第1轮之后帕尔默排在第3名。第2轮过后帕尔默领先，纳格尔随后。帕尔默以276杆的总杆数创造了新的纪录，并领先纳格尔6杆。

1962

观众围在球场周围观看阿诺德•帕尔默在第7洞的开球。

下页图

“邮票”果岭。

1973 上图

当一架从附近的普勒斯特维克机场起飞的飞机飞过人群头顶时，强尼•米勒捂住耳朵。米勒最终排在第2名，落后获胜者汤姆•魏斯科普3杆。

1973 右图

汤姆•魏斯科普的胜利时刻。

1982 左图和上图

汤姆•沃森的击球动作，和他第4次获得梦寐以求的葡萄壶杯。

1989 上图

马克•卡卡维奇亚在赢得4洞制加赛之后的庆祝。

1989 右图

人群打着五颜六色的雨伞观看第2轮第13洞的比赛。

1997 后页图

贾斯汀•莱纳德手握葡萄壶杯站在第18果岭的动人时刻。

Leyland DAF
You'll be even drier with Christy Towels

TaylorMade
HAMILTON

2004 左图和上图

托德•汉密尔顿在4洞制加赛上击败厄尼•埃尔斯后与他的球童庆祝。颁奖仪式后，他与人群交流，并展示奖杯。

2004 下页图

托德•汉密尔顿和厄尼•埃尔斯在加赛时走向第1个球道。

CARNOUSTIE
卡诺斯蒂球场

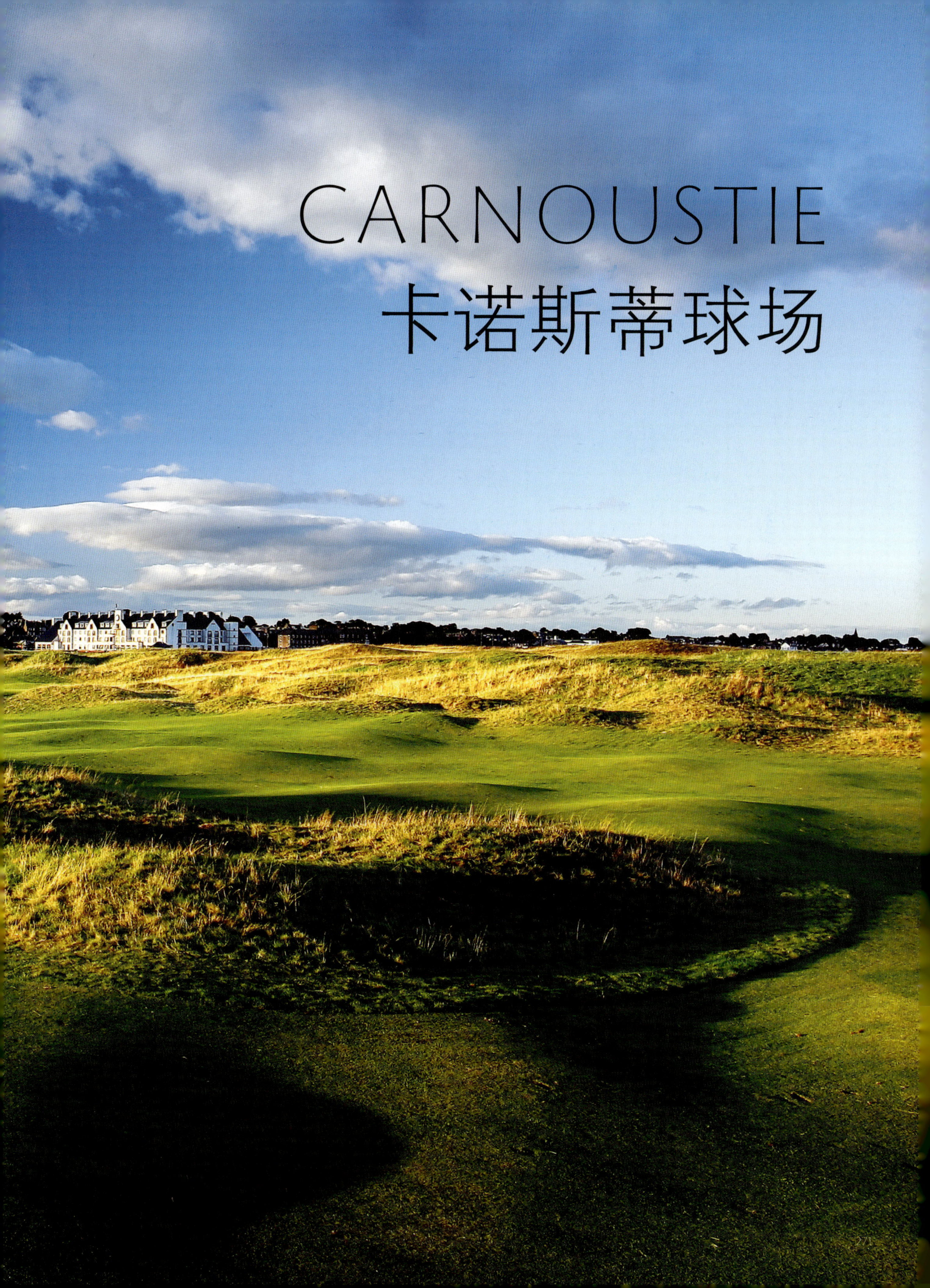

卡诺斯蒂球场

球场长度 2007年公开赛
7421码，杆数71

1931 / 1937 / 1953 / 1968 / 1975
1999 / 2007

卡诺斯蒂球场堪称众多苏格兰球员的“幼儿园”，“很长、有趣且困难，还特别包括一个位于巴里伯恩可怕的弯绕中的漂亮且关键的完成洞”。伯纳德•达尔文的总结表明，卡诺斯蒂是所有公开赛球场中最难打的一个——而且它是公认的难打。1999年和2007年这两次最近的赛事就是明证。

卡诺斯蒂进入大众视野的时间比较晚，是在1931年。那届赛事上，汤米•阿莫尔一枝独秀。然而，在如此严格、诚实的球场上举行的接下来的3届赛事是对确立了霸权的3位传奇人物的完美写照：亨利•科顿、本•霍根和盖瑞•普莱尔。

1937年，科顿在最后一个比赛日天气恶劣的情况下击败了无敌的美国莱德杯队。在第4轮，他完美的击球连追里格•维特柯布3杆。非常了不起的是，据说科顿那天晚上开了很长距离的车才到家——16年后，更长的路程甚至阻止了霍根参加USPGA锦标赛，所以他失去了拿到当年的大师赛和US公开赛双料冠军的机会——这项伟大成就还无人企及。

普莱尔1968年的胜利绝对是他的最好表现，他另外3次公开赛冠军都是在加赛上决出——尽管卡诺斯蒂在1975年后被排除在公开赛外长达24年。当年汤姆•沃森第一次参加精英赛并夺冠，他是自从1933年以来获得如此佳绩的4个球员中的一员。

杰克•牛顿的加赛对手非常强，他第3轮打出65杆。而杰克抵抗到最后一刻。但那些喜欢比赛充满高潮的球员在1999年有他们的愿望，当年保罗•劳瑞加冕冠军，并在2007年再次加冕。同年，帕德里格•哈灵顿击溃了斯尔吉奥•加西亚的持久抵抗。劳瑞在最后一轮追了10杆，使总成绩回到290杆，这是1947年以来最高的杆数。但他仍然是让•凡•德•维尔德在第72洞与巴里伯恩的著名冲突的获益者，当时一次6杆击球让他获得胜利。

1953 左图
本•霍根在开球前的休息。

前页图
第3洞的景象，背景是卡诺斯蒂球场高尔夫酒店。

1931 下图

艾尔利伯爵给汤米•阿莫尔颁发奖杯。他是第一个在卡诺斯蒂赢得公开赛冠军的球员。

1937 左图

亨利•科顿在赢得个人3座冠军中的第2座后接受葡萄壶杯。

1931 上图

汤米•阿莫尔将球击出沙坑。

下页图

第16洞和第17洞的鸟瞰图，巴里伯恩曲折地穿过球场。

1953 上图

一大群观众在观看本•霍根的开球。

1953 右图

霍根和比尔•布兰奇在资格赛结束后离开第18洞果岭。霍根最终赢得了葡萄壶杯，而布兰奇落败。

1968 上图

卫冕冠军罗伯托•德•维琴佐找了个空闲时间在放松。

1999 右图

在最后一个比赛日，老虎伍兹与在第4洞遭遇的棘手情形相抗争。

1968 上图

盖瑞•普莱尔在夺得个人第2个公开赛冠军的征途上击打第72洞的球。他以289杆的总杆数获胜，领先杰克•尼克劳斯和鲍伯•查尔斯2杆。

1975 右上图和下图

杰克•牛顿和汤姆•沃森一同握住葡萄壶杯，当时他们要打一场18洞制的加赛。沃特森以领先1杆赢得了他的第1个公开赛冠军头衔。

LEADER BOARD
HOLES
PAR
PLAYER
SCORE
72 9 NEWTON ★ 279
72 9 WATSON ★ 279
72 8 MILLER 279
72 8 COLE R 280
72 8 NICKLAUS 280
72 7 MARSH 280
72 6 COLES N 281
72 6 OOSTERHUIS 282
72 5 IRWIN 282
72 4 MAHAFFEY 283
72 4 BURNS 284
284
POSITION AFTER 71 HOLES
PLAYER
SCORE FOR ROUND
B

1999

在第18洞第3次击球后，让•凡•德•维尔德分析球的落位。3次高于标准杆7杆毁掉了他的3杆领先优势。最终他的总杆数是290杆，与保罗•劳瑞和贾斯汀•莱纳德相同，这两位球员之前认为他们的挑战已经结束了。在4洞加赛上，劳瑞获得胜利。

1999

保罗•劳瑞为自己的锦标赛胜利举拳庆祝。

2007

在锦标赛的第3轮，崔京周观察他第9洞的开球。他最终取得第8名。

2007

痛失原本可以助他赢得冠军的第18洞标准杆推杆后，斯尔吉奥•加西亚显得一蹶不振。

2007

在锦标赛的最后一轮中，帕德里格•哈灵顿击打第18洞的第5次击球。他最后的杆数与加西亚相等，不过他最终赢得了加赛。

2007

锦标赛最后一轮，哈灵顿在第18洞等待，加西亚在第17洞球道上等待。

2007

哈灵顿庆祝自己的胜利。自1947年之后，葡萄壶杯首次回到爱尔兰。弗莱德•达利最终获胜。

2007 后页图

帕德里格•哈灵顿在获得个人首个重要锦标赛冠军头衔后，拿着葡萄壶杯摆姿势。

从R&A首席执行官办公室的阳台欣赏老球场圣安德鲁斯的图景。

后 记

由于公开赛历史实现了这样一座里程碑，我认为，我们可以骄傲地回顾过去的150年，为锦标赛的成长和发展历程而骄傲。始于1860年的一个非常小的开端，公开赛如今已发展成为一个真正的国际性体育赛事。

作为公开赛的管理者，R&A担负的责任一点都不轻。它必须在未来的岁月中维持锦标赛在高尔夫中的重要位置。

很多伟大的传统将会发扬。我确信，我们将继续在英国提供的最好的海滨高尔夫球场、在我们都希望看到的既坚实又快速滑球的草地上筹办公开赛。我们的资格赛将为来自世界各地的那些排名较差的球员提供与明星球员同场竞技的机会。公开赛将保持真正的开放，以及最具国际化的重大高尔夫赛事地位。

我们有责任保护锦标赛最好的传统，我们有平等而严格的责任去确保公开赛继续前进，或实现真正超越，成为最顶级的现代高尔夫赛事。

我们的球场必须继续挑战世界上最好的球场，观众和球员的设施必须是最好的，我们的电视和数字媒体输出必须吸引世界范围的大量观众，我们必须迅速与所有相关的新科技接轨，等等。因为公开赛的大量收人被投在高尔夫发展计划上，我们有责任确保赛事的收益。确实，任务都很艰巨。

我们欠那些为公开赛走到今天做出贡献的人很多。其他人将在未来继续这一使命，对这些人我想说：“祝你们好运，好好照管它。它是与众不同的。”

那8名1860年在普勒斯特维克打球的职业选手会如何看待现在的公开赛呢？他们一定会感到吃惊，我希望他们还感到高兴，高兴看到始于他们的高尔夫如今已成长为体育史上的一颗明珠。

彼得•道森
R&A首席执行官（Peter Dawson）

守卫圣安德鲁斯球场第3果岭的Cartgate沙坑。

伟大的公开赛冠军

没有冠军的诞生，就没有故事的流传。在一个让人自豪的时代，他们都拥有符合他们成就的地位，但一些冠军获得了更卓越的成就。多届冠军球员肯定是我们要选择的，但我们也选取了一些获胜较少的球员，他们曾为锦标赛的演进和举办锦标赛的球场的演进做出重要贡献。

老威利•帕克 WILLIE PARK SR

1860，1863，1866，1875

一个秃顶的开球手，一个出色的推杆手，老威利•帕克1860年赢得了第1座公开赛冠军。当时，他以领先2杆完胜他的伟大对手老汤姆•莫里斯。帕克分别在1863年、1866年和1875年再次荣获3座冠军。他还是令人敬畏的帕克王朝的头领，这一王朝曾在锦标赛的早期历史留下精彩的一笔。

威利的兄弟芒戈1874年获得了在马瑟尔堡第一次举行的公开赛冠军。他的另一个兄弟大卫在他1866年夺冠的那届锦标赛上获得第2名。后来，威利的儿子小威利•帕克成为1887年和1889年的冠军，之后成为顶级高尔夫球场设计师之一。公开赛的前15座冠军中的13座被帕克家族和莫里斯家族的成员获得，这两个互为对手的家族是伟大的、璀璨的、荣耀的。

老汤姆•莫里斯 TOM MORRIS SR

1861，1862，1864，1867

老汤姆•莫里斯1861年问鼎第2届公开赛冠军，并分别在1862年、1864年和1867年获得3座冠军。那时，他才46岁。作为一名高尔夫球员，他开球的距离很远很直，攻击果岭击球是他的优势之一。作为一名优秀的长推杆手，越靠近球洞，他的稳定性就变得越低。1864—1903年，他还曾是圣安德鲁斯球场果岭的管理者，并在19世纪后期成为高尔夫的象征。

小汤姆•莫里斯 TOMMY MORRIS

1868，1869，1870，1872

老汤姆•莫里斯在公开赛上的成就被他的儿子汤米（小汤姆）超越。汤米1868年击败他的父亲成为冠军，当时他才17岁。他总共赢得4座冠军。他的长打有力量、有速度，他还具有在关键时刻能打出非常漂亮的击球的精湛技艺。在他1870年取得最伟大的胜利的过程中，汤米以149杆的成绩完成了普勒斯特维克球场的12个球洞。这是第一个真正的高尔夫英雄取得的第一次伟大的得分成就。

伟大的三巨头：

哈里•瓦尔登 HARRY VARDON

1896，1898，1899，1903，1911，1914

詹姆斯•布莱德 JAMES BRAID

1901，1905，1906，1908，1910

J•H•泰勒 J.H.TAYLOR

1894，1895，1900，1909，1913

在公开赛的历史上，只有一个时期由三名球员完全统治。他们是哈里•瓦尔登（左图），詹姆斯•布莱德（左下图）和J•H•泰勒。他们的统治期从1894年直至1914年。他们总共赢得了那段时期21座冠军中的16座。瓦尔登6次赢得冠军，至今无人超越。泰勒和布莱德各赢得5次冠军。出生时间相差不超过13个月的他们横扫高尔

夫界，令所有对手胆寒。但就打球风格来讲，他们明显不同。瓦尔登是一流的古典风格，布莱德据说打球“带着超强的猛劲”，而泰勒的比赛则稳扎稳打。第一次世界大战缩短了他们的成就，但他们留下了一个不可磨灭的印记。从1873年至今，瓦尔登是唯一一位在同一个球场（普勒斯特维克）获得3次公开赛冠军的球员。布莱德是唯一一位在2个球场（圣安德鲁斯球场和莫里菲尔德球场）各获得2次冠军的球员。而泰勒（上图）获得冠军的时间跨度最久，第一次和最后一次获胜间隔19年，拥有16次五佳完成，最后一次夺冠时的年龄是53岁。

沃尔特•哈根 WALTER HAGEN

1922，1924，1928，1929

沃尔特•哈根是高尔夫运动的第一位表演者，仿佛上帝委派他登上报纸头条。他让高尔夫成为头版新闻。他的惊艳表现和标杆效应为职业高尔夫球员赢得新的尊敬、认可和流行。作为公开赛首位美国出生的冠军获得者，他赢得4次胜利。他在1929年最后一次获胜的杆数是292，同最好的高尔夫成绩相差6杆。其中第2轮的67杆，是那届高尔夫公开赛的最低杆数。

他的高生活水平与朴素的成长史形成对比，当时他作为一名球童每小时挣10美分，但他作为球员成长迅速。在成为第一批参加公开赛的美国球员之前，他在1913年与弗朗西斯•奥米特共同获得美国公开赛的第4名。次年，年仅21岁的他夺得了冠军，并在1919年再次登顶。1921—1929年，哈根在公开赛的战绩是第6名、第1名、第2名、第1名、第3名和第1名。1925年和1927年他没有参加比赛。

博比•琼斯 BOBBY JONES

1926，1927，1930

博比•琼斯参加了4届公开赛，并赢得了3届冠军。1921年他第一次参加圣安德鲁斯公开赛，在第3轮他撕毁了自己的记分卡，这是一次完全异常的失败，但他对锦标赛的全部贡献是不可估量的。他是最后一名以业余球员身份夺冠的冠军，是首位在同一年（1926）获得公开赛和美国公开赛双料冠军头衔的球员，他一直使用山胡桃木球杆。1927年在圣安德鲁斯球场，他打得非常好。但在1926年和1930年，他在没有发挥出最高水平的情况下赢得了胜利。

让人好奇的是，他在业余球员锦标赛上夺冠的过程比在公开赛上夺冠更艰难。但在1930年，他在圣安德鲁斯球场获得了成功。所以若将这一系列事件连在一起，那这一历史将不会重演。在霍伊莱克他收获了公开赛冠军，随后返回家又夺得美国公开赛和美国业余者比赛的冠军——所有这些都发生在同一年。

这是一个能称得上大满贯的成就，由于再也没有其他荣耀值得征服，他在28岁那年退出了竞技高尔夫。

亨利•科顿爵士 SIR HENRY COTTON

1934，1937，1948

科顿的3次获胜都很有名。1934年，他结束了长达11年没有一位本土球员夺冠的冠军荒，并创造了一个不可思议的杆数纪录。1937年，他击败了强大的美国莱德杯队。1948年，算作一次荣誉，他在国王乔治六世的观看下在莫里菲尔德以5杆的优势夺冠。所有这3次获胜都可以称得上是他的最高荣誉。

和很多冠军一样，科顿以皇家圣乔治球场的夺冠来宣示自己的回归，但他的表现杰出得让自己都感到吃惊，前两轮分别打出67杆和65杆，之前在第1轮资格赛上打出了66杆——他以为这是最棒的。他的65杆纪录在24年后的公开赛上被追平，43年后才被超越。科顿的精彩表现让他在1934年公开赛两轮之后就领先9杆，3轮之后领先10杆，甚至在最后一轮打出令人担忧的79杆之后，他仍以3杆的领先取得胜利。这是继瓦尔登1911年的最后一轮之后最经典的最后一轮冠军赛。当亨利•朗斯特被问及谁是他见过的最优秀的击球者时，他回答说："我的准确且坚决的答案是，亨利•科顿。"

博比•洛克 BOBBY LOCKE

1949，1950，1952，1957

洛克在9年时间里获得4次冠军，并在1946年和1954年获得第2名。他也是二战以后成功卫冕的七名球员之一。让人觉得奇怪的是，他在所有夺冠年里均以69杆开局，但洛克是一位沉稳的、有想法的高尔夫球员，以一种明智的方式看待百分比。他是他那一代球员中最优秀的推杆手。了解到1946年失去冠军是因为自己打得太快之后，他做任何事情开始变得有条不紊。

由于汽油短缺，1957年的公开赛从莫里菲尔德转移至圣安德鲁斯。而他当年的胜利还涉及一段让人气愤的片尾曲。在他打完第2杆后，球距离第72个果岭不到2英尺，在标记球位之后他错误地替换了球，并在第3杆将球送入球洞。委员会认为，由于他已获得了3次冠军，他的失误并没有给他带来什么优势，"做出判决应依据这项运动的精神"，所以他不应受到判罚。

本•霍根 BEN HOGAN

1953

他来了，他看见，他征服。他不需要守卫。他不再回来。霍根是唯一一位肩负特殊任务来参加公开赛的球员。这一任务的明确目的是，通过夺得吸引他的冠军头衔来加冕一个辉煌的生涯。他做出了让人信服的举动，他在卡诺斯蒂的准备堪称空前绝后的细致全面，他每一轮的杆数都比上一轮少——73、71、70、68。

卡诺斯蒂是他在英国第一次打高尔夫、第一次打小球及测验他在超长球场上完美击球的经历，因为在他282杆的总杆数中有130杆是推杆。对他的球迷而言，1953年是一个里程碑，但他对如此多的观众希望他获胜感到惊讶。1968年卡诺斯蒂夺冠者的总杆数比霍根多7杆，1999年卡诺斯蒂夺冠者的总杆数比霍根多8杆，但霍根是唯一一位只参加了一次且夺冠一次的参赛球员。

皮特•汤姆森 PETER THOMSON

1954，1955，1956，1958，1965

汤姆森是自从1892年改为72洞锦标赛后唯一一位连续3年赢得冠军头衔的球员。他还是最接近连续5次获胜的冠军。在1957年的卫冕之战中，他在圣安德鲁斯输给了博比•洛克，获得第2名，但在随后的1958年再次夺冠。他在1965年的第5次胜利在一个周五由最后一次施行的36洞制决出，被普遍认为是他最经典的比赛，因为他在夺冠的征途遭遇了帕尔默、尼克劳斯和莱玛。莱玛是当年的卫冕冠军，尼克劳斯在次年夺冠，帕尔默是伯克戴尔的前一届冠军。没有人会比汤姆森更喜爱快速滑球的海滨球场，或者说，没有人比他更精通如何征服它们。他那种打出低飞球的本能是专注于简单、规范、有节奏和可靠的挥杆的自然结果。

自从1951年首次在皇家波特拉什公开赛上亮相以来，汤姆森没有被排在前六名之外，直到1959年。他1952年排名第2，之后是第2名、第1名、第1名、第1名、第2名和第1名，这一成就无人能及。他还是首位澳大利亚籍冠军。

盖瑞•普莱尔 GARY PLAYER

1959，1968，1974

三位在三个不同的十年中获得冠军的球员之一，普莱尔在1959年莫里菲尔德公开赛最后一轮标准杆为4杆的第18洞打出6杆的成绩，并获得自己的第一个冠军。这也让他在获胜的征途中多了一会儿烦人的等待。他在比赛进行一半时落后第1名8杆，但他在最后36洞打出了70杆和68杆，这是他超过25年的高尔夫生涯中绝不放弃的打球信念的写照。

他的75杆是自1929年以来夺冠的球员在第1轮打出的杆数中最高的，但他也是每一轮都比前一轮杆数低的仅有的五位冠军球员之一。同在莫里菲尔德的表现相比，他1974年在莱斯姆一直领先，成为开始使用大球后的首位冠军。尽管他总杆数289杆的获胜成绩成为最高的夺冠杆数长达21年，但是考虑到那些与他竞争的球员都实力不俗，很多人认为他在卡诺斯蒂获得的个人第二次胜利是他最经典的比赛。

阿诺德•帕尔默 ARNOLD PALMER

1961，1962

无论他是20世纪60年代引进职业高尔夫的财富时代的开创者还是获益者，帕尔默开启公开赛大门的影响力是惊人的、轰动的和长期的。1960年首次在圣安德鲁斯100周年公开赛上出现，并以1杆落后克尔•纳戈尔取得第2名，他在不同的情形下赢得了随后的2座冠军。由于坏天气，伯克戴尔大雨如注，导致比赛延期一天，但第二年他在特伦的快速滚动球道上留下6杆的成绩。

他在特伦的表现是一次领先获胜战例的经典展现，是一个月前在奥克蒙特的一场季后赛上被杰克•尼克劳斯击败、止步美国公开赛后的完美回归。在他首次出现的公开赛上，尼克劳斯的领先很明显，但帕尔默的统治力是绝对的。无论是他在伯克戴尔的风雨中的控制力，还是他在特伦坚硬草面上有步骤的攻击，他的背靠背胜利给古老的锦标赛注入了它所需要的活力。

杰克•尼克劳斯 JACK NICKLAUS

1966，1970，1978

自从伟大的三巨头之后，没有人比杰克•尼克劳斯在一个较长时期内参加的公开赛更多。除了他的3个冠军头衔外，他7次获得第2名，3次获得第3名。就像几年后的老虎伍兹，他一直参加比赛。他的第一次胜利是在莫里菲尔德，另两次是在圣安德鲁斯。1970年，他在一场季后赛上甩掉了1966年获得第2名的道格•桑德斯。1978年，当其他一些选手有机会夺冠时，他给予了必要的强硬回击。

作为一名让人印象深刻的沃克杯年轻球员，尼克劳斯在1959年第一次体验莫里菲尔德球场，尽管他在公开赛上第一次夺冠是7年之后。这次成功主要是由于他将开球杆留在了球杆袋里。这是贯穿他整个生涯的球场控制力的证明。他是参加公开赛次数最多（32次）的球员。

托尼•杰克林 TONY JACKLIN

1969

历史将托尼•杰克林打造成唯一一位同年（相差只有一个月）获得公开赛和美国公开赛冠军的英国球员。在20世纪60年代后期和70年代早期，英国高尔夫需要一位英雄实现世界级的成功。杰克林以偶像的形象被传诵。他成为即将展开的欧洲角逐的火炬手，但考虑到他面对的压力、他在1969年莱斯姆球场肩负的国家希望，极少有冠军能在最后一轮比得上他表现出的沉稳、坚定和节奏。

他在最后一洞的开球杆和7号铁杆是冠军们努力追求的完美收官表现，在12个月内，杰克林通过令人震惊的7杆击球夺得美国公开赛的冠军——同年，帕尔默、普莱尔和尼克劳斯第1轮的成绩分别是79杆、80杆和81杆。在不到一个月的卫冕过程中，杰克林点燃了圣安德鲁斯，在第一个比赛日的下午，他在29杆内实现逆转，并在终点打出小鸟球。然而，在打第14个球洞时，他的比赛被暴风雨打断，他的势头随之消失。

在1971年和1972年，他获得第3名，仅落后冠军李•特维诺2杆。连续四年都是打到最后才分出胜负。他没有获得第2个冠军，真的很不幸，但他让英国高尔夫再次回到人们的视野中。

李•特维诺 LEE TREVINO

1971，1972

李•特维诺正是高尔夫运动所需要的球员——一个拥有卑微背景的新形象，一位对杰克•尼克劳斯的霸权构成威胁的有天赋的击球手。

5年内连续赢得2次公开赛冠军和美国公开赛冠军，让他成为优秀球员行列的一员。1971年，事实上，他在23天内赢得了美国、加拿大和英国公开赛3座冠军，这是他心理和技术适应力的明显证据。1971年在皇家伯克戴尔球场，他的竞争势头让他在最后一个比赛日的下午在31杆内实现逆转，并建立优势地位，但第17洞的7杆让李必须在最后打出一个霸气的4杆，才能甩掉紧追不舍的陆先生。

第4轮的77杆让特维诺浪费了1970年在圣安德鲁斯夺冠的机会，但是他1972年在莫里菲尔德的卫冕要归功于一杆启发灵感的短打和好运气。最后的21个洞，他打出一杆惊人的沙坑击球入洞和两杆切击入洞，而在第71洞的5杆打的最后一击，就像一把匕首插进了他的对手托尼•杰克林的心脏。

汤姆•沃森 TOM WATSON

1975，1977，1980，1982，1983

1983年，杰克•尼克劳斯第22次参加公开赛，并赢得3次胜利。汤姆•沃森参加了9次，赢得5次胜利。这并不能说明沃森比尼克劳斯更优秀——没有人比他更优秀——但沃森的5次胜利，都在不同的球场，4个在苏格兰，显示了一种具有魔力的、不可匹敌的统治力。然而，正如赛事上演的那样，这仅仅是一个结束的开始。沃森通过以老汤姆和小汤姆的身份获胜，几乎迷惑了公开赛的历史学者。

在他追赶哈里•瓦尔登6次夺冠的道路上，他在1984年、1989年和1994年都曾有机会，但在他获得首胜的34年之后，他想以伟大的方式调回时钟，就必须在坦伯利的第72洞打出4杆的成绩获胜，并挫败老汤姆•莫里斯成为年龄最大的获胜者——一个在1867年创造的纪录。莫里斯当时46岁，沃森快60岁了。从某种角度讲，他是公开赛上年龄最大的第2名。2009年他在坦伯利表现得轻松自如，一如既往，他挥杆的速度、干净利落的击球、飞行的控制力等甚至为他在公开赛历史上挣得一个特殊的地位。

塞弗•巴雷斯特罗斯 SEVE BALLESTEROS

1979，1984，1988

1975年在最后36洞功亏一篑，巴雷斯特罗斯1976年的表现造成了惊人的影响，19岁的他在伯克戴尔与强尼•米勒并列第2名。但他1979年在公开赛上获得的三次胜利中的第一次是对欧洲球员作为一股正在上升的力量而回归的宣示，是对他心理素质的一次严酷锻炼。在皇家莱斯姆的那次获胜可以说是纯粹的奇迹，巴雷斯特罗斯惊人的水平发挥简直达到了无限的程度。在圣安德鲁斯的胜利和在莱斯姆的第二次胜利，则显示出一位有创造力的天才具有的击球能力、更冷静的情绪和更稳定的状态。

他认为公开赛是所有锦标赛中最伟大的赛事，这增强了他的比赛动机。实际上，1984年在高尔夫之乡获胜的想法是一个双倍的激励。他为庆祝致胜推杆所跳的即兴个人方丹戈舞是公开赛的标签之一。1988年在莱斯姆，他终结英勇的尼克•普莱斯，把比赛带到高潮的、极富短打魔力的精巧切击，是他的招牌动作。而他最后一轮的65杆堪称高尔夫的完美展现。

尼克•费度爵士 SIR NICK FALDO

1987，1990，1992

费度在6年内的3次夺冠是在一个比较集中的时间段内完成的，当时他被评为世界上最优秀的球员，不过这是一份有争议性的荣誉。另外，他在1993年获得第2名，拥有5次六佳完成，1988年在美国公开赛的一场季后赛止步。他和亨利•科顿是自从1914年以来赢得三届公开赛冠军的仅有的两位英国球员。

3次成功展示了费度多方面的比赛能力，他的清晰思考总能觉察出进攻和防守的正确时机。1987年在莫里菲尔德球场的最后一轮比赛中，费度每一洞都打出了标准杆，击败了一直顽强抵抗的保罗•阿任格——他是2008年竞争莱德杯的福尔多的队长。

费度更惊艳的比赛是1990年在圣安德鲁斯的第二次胜利，他创造了一项首次54洞赛制（199杆）的纪录。1992年，他的66杆、64杆创造了首次36洞的纪录。1993年，他还在三维治与另一名球员共同创造了第2名总杆数最低的纪录（269杆）。2009年，他成为第3位被授予骑士头衔的冠军球员。

格里格•诺曼 GREG NORMAN

1986，1993

虽然诺曼在美国的重大锦标赛上从未夺冠，但是他在公开赛上的两次胜利闻名遐迩。1986年在坦伯利球场，第1轮和第3轮的74杆满足了他不被淘汰的迫切需要，当时的坏天气粉碎了很多人的希望。

他开赛首轮的杆数落后领先者4杆，但第2轮打出了63杆，这包括在第18洞的3次推杆，并追平了锦标赛历史上的最低杆数，还改变了他的命运。在一周之内，他总是为从球座开始进攻做准备，而其他球员更担心长草区。最后一轮的69杆确保他以领先5杆获胜，这是自从1976年以来的最大领先。如果准则是胜利应属于一周中最优秀、最坚持不懈的球员，那么除了他没有其他候选人。

1993年在三维治，诺曼每轮都破了70杆（从这以后，仅有另外两位冠军做到了），并创造了获胜者在最后一轮最低杆数的纪录——完美的64杆。1989年，诺曼在一场加赛上折戟沉沙，他当时（53岁）想成为年龄最高的冠军。2008年在伯克戴尔球场他领先了63个洞，但最后并列第3名。

老虎•伍兹 TIGER WOODS

2000，2005，2006

当伤病阻止老虎伍兹参加2008年的公开赛时，人们产生的缺失感是一种自然的反应。在这项最古老的锦标赛的历史上，没有谁比得上他的出现，或他的高尔夫所带来的那种轰动性的影响。2000年，他以领先8杆、4轮70杆以下、没有一次沙坑球的表现赢得冠军。

2005年他再次在圣安德鲁斯球场获胜，对此一种广为流传的解释是他曾说过的话，“第一次在老球场打球我就爱上了它。”但一年之后公开赛回到了霍伊莱克，不同场景带来了相同的结果，对快速滚动球场的掌控力源于他一流的全面技能。然而，2009年坦伯利球场见证了他首次在最后两轮之前止步。

在他的第三次胜利中，12轮中有9轮低于70杆，清楚地显示他前期强势领先能力的下降。然而，1996年他作为一名业余选手追平了最低总杆数，却经常被遗忘。他是唯一一位赢得业余者银牌和职业者金牌的球员。

帕德里格•哈灵顿 PADRAIG HARRINGTON

2007，2008

哈灵顿两次公开赛胜利的差别不能再大了。第一次在卡诺斯蒂的获胜象征着对一位球员的诱惑，当时胜利好像美人一样在艰难的最后比赛阶段向他招手示意。他在伯克戴尔的第二次获胜运用了从第一次夺冠中学来的心理优势，有效地鼓励自己从困境中走出来，如一位真正的冠军，当时另一个迫近的完成隐约出现。他在伯克戴尔的最后6个洞中打出了4次标准杆以下后打破僵局，并以领先4杆的成绩获胜。他在最后两个洞分别使用5号木杆和5号铁杆的2杆打得非常漂亮。不到一个月的时间，他就成为首位赢得美国公开赛冠军的欧洲球员。

2007年，哈灵顿在第72洞只领先1杆，但遭遇了卡诺斯蒂的巴里伯恩两次，最终由于在两次抛球判罚后的6杆成绩，以总杆数落后2杆告负。次年，斯尔吉奥•加西亚差一点就获胜，帕德里格将比赛拖进了一场加赛，在最后的比赛中强势回归并夺冠。

他被证明是一位受欢迎而且有实力的冠军，但是在坦伯利球场角逐三连冠的征途上没能成功登顶。

图片版权

除了如下说明之外，所有图片均由Getty Images Sport提供。

第6—7、13、14、18—19、28—29、31、42—43、50—51、32、56（底图）、60—61、64—65、66、68—69、70、72—73、76—77、94—95、98—99、106、109、110—111、113、118—119、123、124—125、130—131、138—139、147、148—149、156—157、166—167、170、171、177（顶图）、180—181、182、192—193、197、200—201、206—207、214—215、222—223、224、225、227（顶图）、231、232—233、234—235、240—241、244—245、246—247、251、256—257、270—271、276—277、281、285、296—297页图片由David Cannon提供。

第84—85、144—145、152—153、228（底图）、230、268—269、289、290—291、292—293页图片由Warren Little提供。

第32、39、85、92—93、112、174—175、202—203、226页图片由Steve Munday提供。

第58—59、81、107、154、155、176、248、284页图片由Ross Kinnaird提供。

第33、158、228（顶图）、258—259（底图）、266、267页图片由Andrew Redington提供。

第162（顶图）、177（底图）、286—287、288—289页图片由Stuart Franklin提供。

第41、229页图片由Richard Heathcote提供。

第80、82—83页图片由Harry How提供。

第162（底图）和178—179页图片由Andy Lyons提供。

第172、262页图片由Simon Bruty提供。

第260、261页图片由Bob Martin提供。

第38页图片由Paul Severn提供。

第86—87页图片由Steve Powell提供。

第88—89页图片由Howard Boylan提供。

第218—219页图片由Don Morley提供。

第264—265页图片由Jamie Squire提供。

第30、36—37、45、46（顶图）、47、53、57、73、74、79、96、108、111、116、120、122、126、128、132、134（中图和底图）。135、136、140、141、163、165（底图）、168—169、184—185、190、194（顶图）、195、218、219（底图）、236、242、243、250、253、259、275、279、280、282页图片由Getty Images Archive提供。

第23、26、46（底图）、48—49、53（底图）、56（顶图）、78、90、91、142、143、150、151、160—161、164、165（顶图）、186—187、188、189、190（底图）、191、194（中图和底图）、198、208、220—221、227（底图）、252、254—255、272、283页图片由Bob Thomas/Getty Images提供。

第84、100、110、117、121、137、258、274、278页图片由Popperfoto/Getty Images提供。

第102—103、104—105、114—115、173、199、216页图片由Brian Morgan/Getty Images提供。

第8、54—55、62—63、146、196、204—205页图片由Sports Illustrated/Getty Images提供。

第34—35页图片由Time Life Picture/Getty Images提供。

第40、44、134、238—239页图片由Golf Illustrated/Bauer Media提供。

第10、17、20页图片由R&A提供。

第212—213页图片由Royal Portrush Golf Club提供。

第66页（底图）图片由RCAHMA提供。

第297页（顶图）图片由Peter Crabtree提供。